헤엄

자아라

부담과...

~~~~~~

　　처음 평영을 했을 때가 떠오른다. 내게 기적이 일어난 것
만 같았다. 내가 물에 뜨다니! 내 몸은 돌덩이는 아니므로 물속에
가만히 있어도 절대 가라앉지는 않는다. 하지만 이렇게 자연스럽
게 떠 있을 수 있다는 사실만으로도 정말 놀라웠다.

　　파도는 나의 동반자다. 나는 바다에 몸을 전적으로 맡기
고 무중력에 도전한다. 푸르른 바다에서 나는 무중력 상태다. 물
위에 떠 있는데, 마치 공중에 붕 떠 있는 것 같은 기분이다. 이 현
상은 물리적으로 설명할 수 있다. 고대 그리스 시라쿠사의 수학자
이자 과학자인 아르키메데스Archimedes는 이런 말을 했다. "몸이
액체 속으로 들어가면 액체의 무게만큼 아래에서 위로 향하는 수
직 힘이 발생한다. 즉, 물이 밀도가 높고 무게가 무거울수록 이 수
직적 힘이 더 커진다는 말이다."

소금물의 밀도는 민물보다 높다. 소금의 양이 많은 물일수록 몸이 더 쉽게 뜨는 것도 이런 이유에서다. 사해가 이를 증명한다. 일반적으로 바다에 들어 있는 염분은 3퍼센트다. 그런데 사해에 포함된 염분은 약 30퍼센트로 기록적인 수치다. 온도도 한몫한다. 차가운 물의 밀도는 따뜻한 물의 밀도보다 높다. 왜냐하면 열이 있으면 물방울이 서로 맞물려 움직이기 때문이다. 만약 당신이 무거운 짐을 배에 실어 나를 계획을 갖고 있다면 염도가 높은 차가운 바다를 항해하기를 권한다.

물리적인 이야기는 그만두고 시적인 이야기를 해보자. 바다에 가면 우리의 상태는 달라진다. 육지에서는 서서 걷고, 바다에서는 수평으로 떠다닌다. 바다에 있으면 더 이상 서서 주변 세상을 내려다볼 수 없는데, 그래서 오히려 우리가 세상의 '조각'이라는 걸 깨닫게 된다. 그런 의미로 보면 다이빙도 바닷속으로 떨어지는 게 아니라 바다와 하나가 되는 행위인 셈이다. 바다 위로 넘어지는 것이 아니라 바다와 만나러 가는 것이다.

바다 한가운데에 있으면 주변은 그저 바다뿐이다. 그것만으로도 평소에 있던 곳에서 해방된 기분이 든다. 육지에 있을 때면 우리는 마치 핀으로 고정된 나비처럼 항상 어딘가에 매여 있다. 바다에서 눈을 뜨고 이 활기찬 푸른 바다에 둘러싸여 있는 것이야말로 무엇과도 비교할 수 없는 최고의 경험이다. 마치 무한대에 살고 있고 바다와 하나가 된 기분이라고나 할까.

바다는 유동성의 순환이다. 그렇기 때문에 바다는 그 어떤 것도 경계가 있는 공간으로 구분하지 않는다. 바다는 경계를 알 수 없이 모든 것이 끝없이 펼쳐져 있어서 어떤 때에는 한 덩어리처럼 보인다. 반대로 육지는 서로 이어지지 않는 영역처럼 보인다. A 지점에서 B 지점으로 이동해야 하고, 국경과 영역이 없는 무한대에서 수영할 수도 없다.

넓고 넓은 바다는 파편화되어 있지 않다. 이러한 바다에 둘러싸여 있으면 진짜 '가볍다'는 것이 무엇인지 경험하게 된다. 신체적인 것만을 뜻하는 건 아니다. 물론 바다에 있으면 옷도 거의 입고 있지 않고 짐도 없으니 물리적으로도 가벼운 건 맞다. 하지만 진짜 가볍다는 건 몸과 마음이 편해지고 '자아'의 무게도 느끼지 못하는 것이다.

가벼움은 예술이다. 평소 우리는 수천 가지의 무게에 눌려 있다. 과거, 잃어버린 행복, 실연, 현재 이뤄야 할 것 등. 그리고 무엇보다도 자아라는 무게에 눌려 있다. 견디기 힘든 가장 무거운 것은 자아다. 자아가 무거운 이유는 지금 나의 모습 때문이 아니다. 내가 되고 싶은 모습 때문이다. 사랑받고 인정받고 주목받고 싶은 욕망이 만든 그것 말이다. 지금의 내가 아니라 남들에게 보여주고 싶은 나의 모습 때문에 자아는 점점 더 무거워진다. 정작

나는 나 자신과 함께 사는 것이 아니라 내가 되고 싶은 자아의 여러 이미지와 함께 살고 있다.

수영을 하면 이러한 자아에서 벗어나 있는 그대로의 '나 자신'이 되는 걸 경험할 수 있다. 우리는 전체에 속한 아주 작은 부분에 불과하다. 바다를 느끼는 것은 광활한 세계와 소통하는 것만이 아니다. 어떻게 보면 사소한 자아에서 해방되는 것이라 할 수 있다. 자기를 증명하기, 자랑하기, 타인을 무시하기, 포기하기 등 자아가 지시하는 모든 것으로부터 해방되는 것이다.

거짓은 대체로 나쁘지만 자기 자신에게 거짓을 말하는 것이 가장 최악이다. 자기 자신을 속이면 결국 다른 사람을 기쁘게 하거나 다른 사람을 이기기 위해서 자신의 모습을 거짓으로 포장하고, 그 거짓된 모습을 자신의 진짜 모습이라고 믿고 받아들이게 된다. 진정한 자아를 버리고 만들어진 자아, 남을 유혹하기 위해 가공해 만든 자아를 선택하는 것이다.

나르시시즘은 피곤하기도 하지만 근본적으로 재미없는 행위다. 나르시시즘은 다른 사람과 소통하지 않고 일방적으로 내뱉는 말과 같다. 그리고 나르시시즘에 빠지면 자기 자신에게만 갇혀 있어서 다른 사람에게 무엇인가를 배우거나 다른 사람에게 놀라움을 안겨줄 수도 없다. 자아의 세계는 기본적으로 폐쇄적이기 때문이다. 하지만 수영을 하면 자아라는 무게를 바다에 내려놓을 수 있다. 주변에 맞추고 도움이 되고 영감을 주는 사람이 되라는 자아의 명령에서 거리를 둘 수 있는 것이다.

거품이 빠진 자아는 고귀해서 쉽게 접근하지 못한다. 평소에 우리는 대부분 자신을 증명하기 위해 남 앞에서 연기하고, 1등이 되고 싶어 하고, 자기 자신을 내보이고 주목받고 싶어 한다. 어떻게 보면 추악한 것인데, 우리는 이를 아주 진지하게 다룬다. 더도 덜도 말고 있는 그대로의 자기 모습을 유지하는 것이 우아한 자세인데도 자아에는 이러한 우아함이 없다.

수영은 나르시시즘을 덜어내는 연습이다. 내가 정한 목표를 꼭 이루고 싶어 조바심이 든다면 시장에서 팔릴 만한 상품처럼 나 자신을 포장하겠다는 자아와 결별함으로써 그 조바심을 떨쳐버릴 수 있다. 그 후에 내가 얻는 것이 뭐냐고? 그것은 자유, 무중력, 그리고 영원하다는 것에 대한 합리적인 의심일 것이다.

파도처럼 인생에도 게으름과 탄생, 상실과 풍요,

회의와 확신이 나름의 속도로 온다.

바다 소금

가진 것을
새롭게 음미하는 법

　　바닷물은 마실 수 없다. 하지만 바다 소금은 모든 것을 바꾸는 중요한 성분이다. 바다 소금은 염소, 나트륨, 황산염, 마그네슘으로 이루어져 있고, 바닷물에는 평균 1리터당 34.5그램의 소금이 들어 있다. 소금이 가장 많은 바다는 사해다. 사해는 1리터당 소금이 41그램이나 들어 있다.

　　바다에 소금이 생긴 것은 약 40억 년 전이다. 세상이 첫 아침을 맞은 날, 그러니까 지구가 탄생한 날부터다. 당시에 엄청 많았던 화산에서는 수증기, 가스, 염소, 황산이 계속 뿜어져 나왔다. 우리가 상상하지 못할 정도로 공기에서는 독특한 냄새가 났을 것이다. 이후에 약 수천 년 전에 바다가 생겨나면서 공기 중에 배출된 혼합물이 아래로 쏟아지며 바닷속에 녹아들었다. 이렇게 해서 바다에 소금이 생겼다.

바닷물을 마셔본 적이 있는가? 해수욕장에서 물놀이를 해봤다면 한 번쯤은 바다의 짠맛을 느껴봤을 것이다. 바다는 아주 짜고, 아마 앞으로도 마찬가지일 것이다. 하지만 인간은 시간이 흐를수록 짠맛을 못 느끼게 된다. 그 맛을 음미하는 능력이 무뎌지기 때문이다. 이상한 말처럼 들리겠지만 늘 향수를 뿌리고 다니면 더 이상 향을 느끼지 못하는 것과 같은 원리다.

아무리 아름다워도, 아무리 행복해도 시간이 지나면 모두 익숙해진다. 익숙함은 과거에 맛본 만족감을 희미하게 만들고 감흥을 없앤다. 그래서 한때 매력을 느낀 것도 익숙해지면 더 이상 관심이 가지 않는다. 도대체 왜 이런 걸까? 바닷물처럼 처음 짠맛을 그대로 계속 유지할 수는 없는 걸까? 왜 감흥이 점점 없어질까? 우리가 변해서? 우리의 취향은 변할 수밖에 없어서?

우리가 무감각하거나 만족을 모르기 때문만은 아니다. 매주 월요일만 되면 피곤하고 몸이 무거워져서 있던 욕망도 사그라든다. 꼼짝도 못 할 정도로 귀찮다. 이쯤 되니 또 다른 궁금증이 생긴다. 익숙함에 속아 짠맛에 무뎌진 내가 정말로 원하는 건 무엇일까?

익숙한 것은 더 이상 탐구하고 새롭게 감상할 수 없게 된다. 무뎌졌기 때문이다. 우리의 욕망은 일단 어느 정도 채워지면 순서대로 수그러든다. 그리고 그 대상을 더 이상 욕망하지 않는 상태가 된다. 이미 손에 넣었기에 욕망하지 않는 것이다. 늘 살던 동네? 너무 잘 알아서 감흥이 없다. 프랑수아Samson François*를 만났다? 그마저도 우리를 흥분시키지는 못한다. 이미 익숙한 일이라 더 이상 흥분이 되지 않을 때 우리는 흔히 권태기가 왔다고 한다.

이외에 또 다른 안타까운 심리가 있다. 이미 가진 것은 더 이상 원하지도 않고, 보지도 않는 것이다. 사물 본연의 가치가 사라진 것은 아니다. 그저 우리가 이 사물에 더 이상 가치를 부여하지 않는 것뿐이다.

짠맛을 되찾아야 한다. 그러면 익숙한 것도 새롭게 보이면서 모든 것이 달라진다. 모든 것에서 쾌락을 느끼라는 게 아니다. 하나를 정해 여유를 가지고 오랫동안 천천히 음미하라는 것이다. 무엇인가를 욕망하는 것은 소비 행위가 아니다. 욕망은 타깃을 정해 먹고 마시고 보고 끝내는 것이 아니라 계속 음미하는 것이다. 이런 태도가 없다면 사람들은 시간이 지나면서 독특함과 풍요로움에도 무뎌져 모든 걸 잊고 말 것이다. 앞으로 필요한 것이 무엇인지 계획하는 것도 중요하지만 이미 가진 것을 계속 음미하는 것도 중요하다. 나중에 없어지고 나서 얼마나 중요했는지 깨달

---

* 프랑스의 유명 피아니스트로 쇼팽의 작품을 시적이고 개성 있게 연주한다.

아도 소용없다.

욕망의 목적은 바닥까지 소비하여 자극만 취하는 것이 아니다. 욕망은 광기나 과음과 다르다. 욕망은 현재 경험하는 것에 두는 관심이다. 공감, 오랜 우정을 소중히 하는 따뜻함, 생각지 못한 대화, 칭찬, 실제로 경험한 소중한 찰나에서 얻은 짜릿함의 음미는 강렬함과 부드러움 사이에서 이루어진다.

바다 소금은 너무 말라도 안 되고 너무 젖어도 안 된다. 동일한 물의 양이 중요하다. 그것처럼 우리의 인생도 완전히 실망만 시키고 질리게 하는 것도 없고 완전히 좋기만 한 것도 없다. 삶은 양면이지 절대 단면이 아니다. 삶은 당신에게 이미 주고자 하는 걸 모두 주었다.

인생에서 모든 것이 맛있지는 않다. 하지만 세상이 우리에게 신비로움을 일깨워주고, 행복의 비밀이나 그것과 비슷한 무언가를 속삭여주는 듯한 최고의 순간들은 있다. 바로 그 순간들이 기억에 색채를 더한다. 그 기억의 색채가 흐릿한 잿빛이 되면 우리는 다시 색을 이끌어내야 한다. 시인, 화가, 선원, 모험가만 경험할 수 있는 게 아니다. 우리도 각자 모든 것을 바꾸는 순간의 소금을 수집할 수 있다. 그리고 그 소금이야말로 모든 것을 구한다.

등대

흔들리지 않는
삶의 지표 만들기

~~~~~~~~

육지는 자유롭게 흐르는 바다를 보면 마음이 불편하다. 육지는 바다를 안정적이고 예측할 수 있는 곳으로 만들려고 애쓴다. 우리도 마찬가지다. 바다는 정착하는 장소도 없고, 섬기는 주인도 없다. 그런데 인간은 이러한 바다를 지도 안에 가두려고 한다. 바다를 마음대로 둘러보고 표시와 경계를 그릴 수 있다고 착각하듯 말이다.

바다는 누구에게도 속하지 않는 자유로운 존재다. 바다는 확신을 뒤흔들고 정복 시도를 꺾는다. 바다는 함부로 지나가게 놔두지 않고(바다에 아스팔트 도로가 깔린 경우는 없다), 마음대로 피난 오게 놔두지도 않는다(바다에 피난처가 세워진 경우는 없다). 바다에서 실종된 선원이 얼마나 많은가? 다시 돌아가지 못한 배가 얼마나 많은가? 바다가 들려주는 무서운 이야기는 또 얼마나 많은가?

사람들은 노한 바다로부터 안전해지기 위해 등대를 만들었다. 지도나 측량 도구, GPS도 없던 시절에는 선장들이 맨눈으로 주변을 살피며 항해했는데, 이때 도움을 받은 것이 등대였다. 이처럼 땅 위에 단단히 서 있는 등대는 망을 봐주고 도움을 주는 존재다. 커다란 키에 자주색 혹은 흰색의 등대는 바다에서 가장 든든한 표시 역할을 해서 선원들은 배가 난파하는 것을 막을 때 등대를 확실한 지표로 활용한다.

수많은 등대 중에 특히 주목할 등대가 있었다. 파로스Pharos 섬에 세워진 알렉산드리아Alexandria 등대다. 알렉산드리아는 등대에 자신의 이름을 붙였다. 이 등대는 세계 7대 불가사의 중 하나로 꼽히는데, 약 17세기에 걸쳐 배들을 이집트로 안내하는 역할을 했다. 바다 가까이에 세워진 알렉산드리아 등대는 화가 난 듯 흰색 거품을 뿜는 푸른 바다의 비밀을 꿰뚫어보듯 눈을 반짝인다. 벨렝 탑Belém Tower에서 푸앙토페르Pointe-au-Père까지, 아르망Armen 등대, 스콜피온 반도의 등대, 레벨라타Revellata 등대, 디르홀레이Dyrhólaey 등대, 테베넥Tévennec 등대, 리스모레Lismore 등대는 마치 손전등을 든 야간 경비원 같은 존재다.

등대는 단순히 호기심의 대상도 아니고 사라져가는 옛 유물도 아니다. 등대는 위성에는 없는 아름다움을 뽐내며 여전히 수천 척의 배를 위험에서 구하는 역할을 한다. 등대가 사라진다면 인간이 등대 없이도 바다로 나갈 수 있다고 자신 있게 말할 수 있을 때다. 바다와 마주하며 당당히 서 있는 등대는 여리게 보이지만 용기도 있다.

그런데 바다가 등대 아래에 있을 때는 왜 유독 화가 난 것처럼 보이는 걸까? 등대 아래의 바다는 무섭게 공격해오다가 이내 물러나고 다시 돌진하기를 반복한다. 바다는 등대를 물어버릴 듯 위협하고 고함친다. 왜 그럴까? 등대가 바다의 힘에 도전하기 때문이다. 커다란 키에 거만할 정도로 당당한 등대는 언제나 바다에게 지지 않고 도전한다.

우리에게도 삶을 밝게 비춰주고 당당한 등대가 필요하다. 이런 등대가 있으면 일이 풀리지 않고 답답할 때 도움을 받을 수 있다. 등대는 위로를 해주기도 하고 모범이 되기도 하며 자신 있는 가치를 상징한다. 우리의 인생을 이끌어주고 손을 내밀어 위로가 되어주는 등대들을 목록으로 정리해보자. 그러한 등대들로 무엇이 있을까? 책? 친구? 고향? 신? 부모님? 오랫동안 간직한 꿈? 목록을 만들고 카드에 붉은색 글씨로 써보자. 인생에 암초가 나타나 위협하고 바다가 사나워질 때 이 목록을 떠올려보자.

또 등대는 돌과 불꽃으로 만들어진 구명 튜브 같은 존재이며 든든한 안전망이다. 등대의 불빛은 물에 빠지지 않게 도와주고 희망을 상징하기도 한다. 잘 생각해보자. 희망은 이룰 수 없는 이상이 아니다. 희망은 완벽히 다가갈 수 없는 평화의 이미지가 아니다. 다만 희망을 품으면 앞으로 나아갈 힘이 생기고 일어난 일을 담담하게 맞을 수 있다.

희망은 의지를 불태우는 연료로, 그 덕분에 의지가 피어나면 좀 더 많은 것을 원하게 된다. 희망은 맹목적이지 않고 현실과 이성에서 오며, 희망이 있으면 살면서 절망적인 순간이 오더라도 우리는 완전히 나락으로 떨어져 패배주의자가 되진 않을 것이라는 확신이 생긴다. 비바람이 몰아쳐도 꿋꿋하게 버티는 땅이야말로 희망의 이미지다.

우리 모두 마음속에 희망을 품고 있다. 실망하고 싶지 않아서, 물러나고 싶지 않아서 희망을 품는다. 등대가 굴복하는 걸 봤는가? 바람이 때리는 뺨을 맞고 바다가 날리는 주먹질에 몸을 떨지라도 등대는 절대 굴복하지 않는다. 살다가 밤처럼 어두운 날이 찾아오면 희망이 옅어지거나 꺼지기도 한다. 그러나 어디선가 희망의 불씨가 기회를 엿보고 등대를 부른다.

희망을 품으며 마음속의 등대를 계속 간직하는 것도 우리의 몫이다. 마음의 등대가 되는 존재들을 진지하게 정리해보자. 무슨 일이 있어도 배신하지 않을 내 사람, 즐거움 그 자체, 추억의 장소 등을 마음속에 세워보자. 그것들이 나의 마음속에서 흔들림 없이 단단한 고정점이 되어줄 것이다.

바닷가

쉬 어 가 기 의
중 요 성

로마 사람들은 복잡한 로마와 폭염을 피해 지방으로 떠났다. 부유한 귀족들은 캄파니아Campania에 있는 별장으로 갔다. 나폴리, 아말리 해안, 카프리…. 이처럼 로마 사람들은 우리에게 삶의 예술이 무엇인지 풍부한 예시를 알려주었다. 여기서 말하는 삶의 예술이란 '오티움otium'으로 '유유자적'이다. 비생산적인 것에만 몰두하며 영혼과 정신을 높이 갈고닦는 시간을 가리킨다. 독서와 철학, 명상, 친구들과의 대화로 시간을 보내는 것이다.

오티움과 반대되는 말로 '네고티움negotium'이 있다. 네고티움은 분주함을 의미한다. 바쁘게 하는 일, 시간표와 스케줄 및 의무와 제약으로 이루어진 삶이 네고티움에 속한다. 현대를 사는 우리는 로마의 유산인 오티움을 잃어버렸다. 우리는 바캉스 때도, 심지어 은퇴 후에도, 주말에도 여전히 네고티움에서 벗어나지 못한다. 여전히 무엇인가를 하라는 지시에 따르고 하루 종일 바쁘기 때문이다.

현재 우리가 시간과 맺는 관계를 근본적으로 바꿔줄 사람은 없다. 우리는 스스로에게 조금이라도 쉴 틈을 주지 않고 어떤 활동을 한다. 예를 들어, 휴가를 이야기하지만 아일랜드, 아이슬란드, 혹은 여유와는 거리가 먼 곳에 가서 오히려 평소보다 더 분주하게 보내고 오지 않는가? 그러다 보니 휴가에서 돌아와 곧바로 사무실의 정신없는 생활에 투입되어도 그 리듬에 너무나 자연스럽게 적응한다. 한마디로 우리는 사무실을 제대로 떠난 적이 없다.

로마의 오티움은 현대의 우리 삶과는 아주 다른 원칙을 지닌다. 자유 시간을 뜻하는 오티움은 현재 우리가 생각하는 여가와는 완전히 다르다. 현재 우리가 생각하는 여가는 네고티움에 가깝다. 그러니까 우리는 매일 활동을 하면서 중간중간 잠시 쉬는 것에 불과하다.

우리에게 주말은 재충전하는 시간일 때가 많다. 이것도 다시 열심히 일하기 위해 필요한 재충전이다. 로마 사람들이 말하는 유유자적은 그야말로 모든 것에서 해방된 시간을 뜻했다. 로마인의 후손은 여유로움을 중시하는 이탈리아 사람들이다. 로마식 유유자적은 타인과의 신경 쓰이는 관계, 해야 하는 역할, 일상과 사회에서 하는 노력에서 해방된 시간을 가리킨다. 하지만 현시대를 살아가는 우리는 제대로 자신만의 삶을 살지 않는다. 진정한 삶은 다음 바캉스 때 몰아서 살겠다며 뒤로 미뤄놓는다.

'바캉스'라는 용어도 라틴어 '바카레vacare'에서 나왔다. 바카레는 '아무것도 없는 상태', '비어 있는 상태', '자유로운 상태'를 뜻한다. 담당자가 없을 때 '공석'이라는 말을 사용하는데, 이때 사용되는 형용사가 '바캉vacant'이다. 바캉스를 제대로 즐기려면 철저히 혼자여야 한다. 주변을 비우고, 요청, 부탁, 질문에서도 벗어나 자신이 존재하는 것을 느끼게 해주는 것에만 집중해야 한다. 또 나를 보는 타인의 시선에서도 벗어나야 한다. 평소 우리가 나 자신보다 더 신경 쓰고 두려워하는 타인의 시선 말이다.

진정으로 축제를 즐기려면 '해야 한다'는 의무감에서 벗어나야 한다. 뭔가 쓸모 있는 것을 해야 한다는 강박관념에서 벗어나 공상에 잠길 수 있어야 한다. 아무것도 하지 않고 여유가 있을 때 눈앞의 모든 것이 내뿜는 특별한 빛을 보게 된다. 아무것도 안 하고 있으면 주변에 쉽게 집중하게 되어 장식에서 살짝 달라진 부분, 아주 작은 변화도 이벤트가 된다.

앞에 있는 그림에 빛이 비치는 것이 신기하고, 조카와 하는 대화가 재미있으며, 읽고 있는 책에서 지성을 느끼고, 여름 바다가 내는 허스키한 목소리가 들린다. 그러나 지금까지 우리는 바캉스마저도 정신없이 바쁜 스케줄로 오염시켰다. 단체 관광, 사진, 핫플레이스 방문, SNS, 과시, 파티…. 우리는 마치 시간과의 경쟁에 참여한 선수들처럼 바캉스를 보냈다. 바캉스는 되찾은 낙원이 되어야 한다.

　　진정한 바캉스를 즐기지 못하게 된 계기는 바닷가에서부터다. 최초의 해변 놀이를 아는가? 그때의 해변은 테라피 여행을 위한 곳이었다. 해변은 18세기 영국이 발명한 것으로, 예전에는 사람도 많이 모이지 않았고 지저분하기까지 했다. 홍수와 재앙을 연상시키는 바다는 이미지가 그리 좋지 못했다. 그런데 18세기 중세가 되면서 사람들은 바다에 광견병을 치유하는 효과가 있다는 사실을 알게 되었다. 광견병 환자들이 물을 무서워하는 것은 잘 알려진 사실이다. 병은 병으로 치료한다는 생각에 사람들은 광견병 환자들을 7회 이상 물에 담갔다 뺐다 했다. 하지만 바다가 광견병 치료에 실제로 효과적인지에 대한 회의의 목소리가 높아지면서 중단되었다.

　　영국 사람들은 "신 덕분에 thanks to god"라는 말을 잘 쓴다. 이는 바다가 치료약이 된 것과 무관하지 않다. 일명 해수요법이다. 바닷물에 몸을 담그면 우울증, 정신적 피로, 신경증에 효과가 있다고 알려져 있다. 하지만 해수요법은 그리 만만하지 않다. 가능한 한 온도가 14도를 넘지 않는 차가운 물에 몸을 담그는 것이라 휴식이 아닌 치료의 개념이 크다. 영국 브라이튼Brighton은 신경쇠약증 환자들을 위한 최초의 해변이기도 했다.

19세기까지만 해도 해변은 남녀가 따로 사용해야 했다. 그러다가 1860년대에 해변이 즐거운 장소라는 인식이 생겼다. 프랑스도 영국을 따라서 해변 도시 도빌Deauville을 만들었고, 그 후 남녀가 수영복을 입고 해변을 돌아다니는 풍경이 연출되었다. 뒤이어 생트로페Saint-Tropez, 바르도Bardot 같은 해변 도시들도 만들어졌다. 그러니까 해변에서 보내는 여름휴가라는 개념을 만든 것은 지중해가 아니라 영불해협이다.

역사가 오래된 해수요법의 개념을 살펴보면 요즘 일부 사람들이 휴가를 즐기면서 벌이는 스타하노프 운동*의 시작이 보이지 않을까? 언젠가 사람들이 해변을 아스팔트로 바꿀지도 모르겠다. 제트 스키장 주변은 사람들로 붐비고, 바다는 도심의 대로처럼 변한다. 사람들은 바다에 와서도 자동차가 그리운가 보다. 엔진 소리, 오염, 교통체증….

해변, 일, 잠. 우리 인간은 아름다운 것을 흉한 것으로 바꾸는 탁월한 능력을 지녔다. 결국 우리는 해변에서도 바다만 바라보며 끝내지 않고 새로운 것을 만들어낼 것이다. 이렇게 해서 해

---

* 우크라이나 광부인 스타하노프Stakhanov 이름을 딴 노동 생산력 증대 운동이다.

변은 수영장, 훈련장이 된다. 정작 우리 인간은 바다에 무관심하고 바다를 제대로 보지 않는다. 해변에 있어도 테라스에 있을 때와 마찬가지로 바다의 물결이 아니라 일광욕하는 사람들을 관찰한다. 번잡한 사회생활, 건물, 도심을 피해 해변에 왔지만 오히려 해변을 새로운 도심으로 만들려고 한다.

바닷가에서는 오직 바다만 경험해야 한다. 바다를 보고 바다의 향을 맡고 바닷소리에 귀를 기울이고 바닷물을 만지면서 온몸으로 황홀감을 맛봐야 한다. 바다만큼 모든 감각을 자극하는 즐거움을 주는 것은 드물다. 이처럼 바다가 주는 기쁨을 온전히 느끼려면 시간을 여유롭게 보내야 한다. 빈 시간을 가질 수 있어야 한다. 보고 느끼고 듣고 만지는 것으로 만족하자. 사진을 찍고 수익을 생각해서는 안 된다. 무엇인가를 해야 한다는 강박관념인 네고티움을 내려놓고, 아무것도 하지 않는 여유인 오티움이 바캉스의 개념이 되어야 한다. 모든 분주함과 성과에서 벗어나야 진정한 바캉스다.

바다는 파도가 오지 않도록 막거나 무리하지 않는다.

바꿀 수 없는 건 바꾸려 하지 않고,

다가오는 건 그대로 받아들인다.

크라켄

새로운 지식으로
편견 부수기

〰〰〰〰〰〰
〰〰〰〰〰〰
〰〰〰〰〰〰

바다가 끝나는 지점에 괴물들이 산다고 알려진 땅이 있다. 1510년에 만들어진 어느 해양 지도에 처음으로 "여기에는 용들이 산다"라는 경고 문구가 적힌 곳으로, 아시아 동남해 근처에 있다. 해양 지도의 구석진 곳마다 괴물과 기괴한 동물들이 살고 있다고 생각했던 시절이다. 이런 지점들은 '미지의 땅'이라 불렸다. 아직 탐험이 이루어지지 않은 바다이자, 세상과 바다가 멈추는 지점이기도 하다. 지도를 만든 사람들은 쉬쉬하며 숨겼지만, 지도마다 공포의 지대가 존재한다.

두려움 뒤에는 상상이 따라온다. 세계지도와 해도[*]에서 빈 공간은 그대로 남겨지는 것이 아니라 괴물, 기괴한 동물들이

〰〰〰

* 13세기에서 16세기에 제노바와 베네치아의 항해사들이 항구의 위치와 해안선을 표시한 지도다.

사는 곳으로 상상된다. 괴물과 기괴한 동물들의 모습은 실제로 존재하는 동물들의 모습이 변형된 형태로 소개된다.

대규모의 해양 탐험이 이루어지기 전에는 미지의 지역들이 용들이 사는 곳으로 상상되곤 했다. 알려진 지도 경계선을 넘어가면 아직 탐험이 이루어지지 않은 지역들이 존재한다고 여겼던 것이다. 무지는 공포를 낳는 법이다. 모르는 것을 티내기 어려웠던 사람들은 머리를 짜서 그럴듯한 여러 가지 이야기를 만들어냈고, 거기에 바다 괴물들이 쓸모 있는 도구가 되었다. 실제로 독차지하고 싶은 보물 같은 낚시 지역이 있다면 경쟁을 막고 함부로 탐험하러 가지 못하게 무서운 바다 괴물들이 살고 있다고 겁을 주면 통하지 않겠는가? 위험한 동물들이 득실대는 바다라고 말이다. 이런 이유로 사람들은 그런 곳이 있다고 오랫동안 굳게 믿게되었다.

대표적인 바다 괴물들의 종류는 이렇다. 바닷물을 게걸스럽게 삼킨 후 강하게 토해낸다는 카리브디스*, 호메로스의《오디세이》에서 열두 개의 발과 여섯 개의 머리를 가진 것으로 묘사되는 스킬라. 그야말로 위험한 존재로 알려진 바다 괴물들이다. 칠흑처럼 검은 섬들도 공포의 대상이었는데, 알고 보니 그건 고래

---

* 　바다의 신 포세이돈과 땅의 여신 가이아 사이에서 태어난 딸이다.

떼였다. 사람들이 아직 고래를 본 적이 없던 때에 통하던 이야기였다. 배가 가는 길을 막은 괴물로 알려진 것도 사실 참치 떼였다.

가장 기괴한 동물들이 사는 곳이 표시된 해양 지도가 있다. 그것은 바로 바다의 제왕이던 바이킹을 조상으로 둔 어느 스웨덴 사람이 만든 지도였다. 그 사람의 이름은 올라우스 마그누스 Olaus Magnus였다. 마그누스가 그린 해양 지도는 1530년쯤에 만들어졌다. 이 지도에 묘사된 바다 괴물들로는 사람을 잡아먹는 갯가재가 있었고, 날카로운 송곳니와 불처럼 이글거리는 붉은 눈을 가진 뱀 모양의 용도 있었다.

크라켄이라 알려졌던 이 괴물은 아마도 대왕오징어로 추측된다. 요즘 사람들에게는 익숙한 해양 생물인 길이 13미터에 몸무게 약 300킬로그램인 대왕오징어. 그 밖에 바다 괴물과 용으로 알려졌던 동물들은 아마도 큰 고래, 바다코끼리, 긴이빨고래가 아니었을까 추측된다. 심지어 최초로 지도에 평평한 지면 위 지구의 둥근 모양을 그려 넣은 메르카토르Mercator도 전설과 과학을 한데 뒤섞었다. 그 결과 11개가 넘는 괴물들이 그림으로 탄생했다. 이 중 유명한 것이 페루 바다에서 헤엄치는 말처럼 생긴 괴물이다.

자연이 비어 있는 것을 두려워한다면, 인간은 모르는 것을 두려워한다. 그래서 인간은 모르는 곳에는 무섭고 위험한 괴물들이 산다고 생각한다. 하지만 항해를 할 때는 오히려 새로운 것을 발견할 수 있다는 열린 마음으로 미지의 영역까지 나아가야 한다. 그리고 엉뚱한 상상으로 괴물들을 만들지 말아야 한다. 편견과 왜곡된 생각에 갇혀버리면 세계관이 좁아지고 단순해진다.

경계를 넘게 해주는 재능이 있다면, 그건 바로 '호기심'이다. 호기심 덕분에 우리는 편견을 극복할 수 있다. 호기심이 있으면 늘 다니던 길로만 가지 않고 미지의 땅으로 방향을 틀어 용들과 신비한 괴물들과 마주할 기회를 만난다. 우리는 몸을 사리며 산책하고 이미 많은 사람들이 다녀간 곳만 갈 때가 많다. 이미 알고 있는 것을 반복하고 그것에 안주하는 것이다. 지하철을 타고, 일을 하고, 잠을 자는 반복되고 단조로운 일상은 지하철 탓도, 일 탓도, 잠 탓도 아니다. 바로 우리 탓이다. 우리가 탐험하는 대신 반복하는 것에 만족하기 때문이고, 우리가 자신만의 생각을 하지 않고 다른 사람들의 의견에 맞추기 때문이다.

이제 우리는 모험을 떠나 새로운 지식과 만나야 한다. 기존에 알고 있던 것을 다르게 볼 줄 알아야 하고 아직 가보지 않은 곳에 갈 수 있어야 한다. 기존에 품고 있던 생각에 함몰되지 않은 채 계속해서 의심하며 편견을 깨고 움직여야 한다. 우리는 모든 것에 대해 너무 빨리 확신하고 답을 정해버린다. 그 모든 것이 편견으로 발전해서 우리를 가두는데, 우리는 이를 안전하다고 여긴다. 하지만 우리 스스로 모르는 게 많다는 걸 받아들이면 어떻게 될까? 아마도 기존에 가졌던 안전한 확신에서 벗어나 새로운 세상을 발견해야겠다는 생각을 하게 될 것이다. 무엇인가를 새로 알아가게 되면 호기심의 불꽃은 꺼지는 것이 아니라 다시 활활 타오른다. 알면 알수록 모르는 것이 있다는 사실 때문에 새로운 것을 더 발견하려는 욕구가 커지는 것이다.

　　매일 자신만의 지도 위에서 새로운 곳에 관심을 많이 기울이는 연습, 같은 바다만 알고서 끝내지 않고 새로운 바다를 수집하듯이 즐겁게 탐구하는 연습을 할 수 있다. 이미 증명되고 나와 있는 답에 안주하지 말고 우리의 시야와 탐구 분야를 넓혀보자. 이렇게 하기 위해서는 내가 아는 것이 정답이 아니라는 사실부터 인정하는 법을 배워야 할 것이다. 먼저 모른다고 인정할 줄 알아야 앞으로 더욱 알아갈 수 있다. 미지의 존재 혹은 용들과 맞서는 순간에 우리만의 확신이 생겨난다.

marée basse

삶으로부터
잠시
물러나다

파도는 예상보다 더 깊게 파고들고.

더 멀리 밀려간다.

밀려갈 때는 영영 사라질 것처럼 보이지만.

어느새 발밑에 와 있다.

우리 삶에 영원히 사라지는 것은 없다.

사르가소

피해야 할
후회라는 덫

지구의 모든 바다 중에서도 유난히 특별한 바다가 하나 있다. 바로 사르가소sargasso*의 바다다. 사르가소의 바다가 독특하고 묘한 바다인 데는 이유가 있다. 해안도, 바람도, 파도도 없는 바다이기 때문이다. 겨우 바다의 행색만 갖추었을 뿐 넓고 큰 바다의 모습은 아니다. 비유하자면 사르가소의 바다는 움직임도, 밀려오는 파도도 전혀 없는 '해양 사막'이라고 할 수 있다.

사르가소의 바다는 문어발처럼 보이는 커다란 해조류로 금세 뒤덮이고 또 뒤덮인다. 실제로 '사르가소'라는 말이 나온 '사르가조sargazo'는 스페인어로 '해조류'를 뜻한다. 사르가소의 바다를 최초로 탐험한 인물은 크리스토퍼 콜럼버스다. 콜럼버스는 해

---

* '모자반'이라고 불리는 해조류다.

조류로 뒤덮인 이 바다에서 3주나 헤매며 제대로 된 항해를 하지 못했다. 움직임이라고는 전혀 없는 이 바다에 갇혀 아메리카 대륙 두 곳을 미처 보지 못해 시간만 낭비한 것이다.

바닷사람들은 하나같이 사르가소의 바다를 두려워한다. 움직임이 전혀 없어 살아 있는 바다라고는 믿어지지 않아서다. 그런데도 장어 떼가 허니문을 보내기 위해 수천 킬로미터를 건너 이 이상한 바다에 온다니 신기할 뿐이다. 그야말로 장어 떼에게 이 바다는 신혼집인 셈이다. 장어 떼는 1만 킬로미터를 건너 사르가소의 바다에 도착한다. 그러나 허니문을 보내러 오는 장어 떼 이외의 생물들에게 사르가소의 바다는 피하고 싶은 덫과 같다.

우리도 바람과 해안이 없는 사르가소의 바다처럼 에너지와 희망을 잃어버린 채 앞으로 나아가지 못할 때가 있다. 마치 바람이 없어서 움직일 수 없는 배처럼 말이다. 사르가소의 바다는 우리의 삶에 비유하자면 '후회'와 같은 것이다. 후회에 사로잡히는 순간, 머리는 복잡해지고 행동은 느려진다. 그래서 나아가지도, 물러서지도 못하고 정처 없이 서성이게 된다. '그때 그랬어야 했는데', '그때 그러지 말았어야 했는데'라는 후회를 하느라 앞으로 나아갈 수가 없는 것이다. 이런 의미에서 사르가소의 바다는 후회하는 우리의 감정들이 길게 늘어져 있는 바다라고 할 수 있다.

그런데 계속 이렇게 후회만 하고 있으면 이미 지나간 행동과 놓쳐버린 기회에 대한 미련만 느낄 뿐, 현실 속에서는 꼼짝도 하지 못한다. 앞으로 가지 못하고 제자리걸음만 걷다가 끝없이 상실과 실패만 곱씹는다. 과거의 실수를 깨닫고 변하려고 노력하기보다는 돌이킬 수 없는 과거만 곱씹다가 끝나는 것이다.

이러한 후회의 굴레에서 벗어나려면 어떻게 해야 할까? 어쨌든 항해할 수 있는 길을 찾으려면 어떻게 해야 할까? '그때 내가 그렇게 할 수 있었다면'과 같은 늪 속으로 빠지지 않으려면 어떻게 해야 할까? 그저 앞으로 나아갈 수밖에 없다. 다른 방법은 없다. 사막을 건너려면 그저 묵묵히 걷고 걸어서 건너는 수밖에 없다. 어쨌든 걸어야 한다. 쓸데없이 뒤를 돌아보지 않아야 한다. 항해를 한다는 것은 길을 정해 따라 가는 것이니 확신이 들지 않아도 묵묵히 따라 가보는 것이다.

이렇게 해서 후회하는 마음을 행동으로, 자책을 확신으로 바꿔야 한다. 내가 이미 해버린 과거의 행동을 자꾸 곱씹고 후회하지 말자. 과거의 일에 미련과 환상이 남아도 이미 걸어온 길이다. 살아오면서 시행착오를 거친 과거의 순간을 앞으로 나아갈 길로 만들자. 그러면 과거의 일은 내 인생의 오점이 아니라 한 페이지가 된다. 또 과거는 미성숙이 남긴 부족함 가득한 순간들이 아니라 살면서 자연스럽게 거쳐온 단계로 생각된다. 애써 눈을 감고 부정하거나 억지로 변명을 찾지 말고 부족했던 점을 인생의 시나리오 안에 포함시켜 나만의 이야기를 만들면 그뿐이다.

인생에서 어떤 것도 중요하지 않은 것은 없다. 과거에 후회가 되는 일이 있을지도 모르겠지만 어쨌든 내가 지나쳐 온 여정이다. 인생의 여정은 후회의 총집합도, 죽을 정도로 무겁고 버거운 일도 아니다. 내가 실제로 항해하는 수많은 길 중 하나다. 실수 투성이지만 자신감을 가지고 바람을 헤치고 나아가자. 그렇게 해야 사르가소의 슬픈 추억을 곱씹기만 하는 것이 아니라 극복할 수 있다.

바다는 같은 모습을 보이지 않는다.

오늘은 오르고, 내일은 내린다.

바다를 보며 굴곡 있는 인생이

무조건 나쁘지 않다는 걸 배운다.

바다에게 거친 파도와 잔잔한 물결이 일상이고

필요한 것처럼 삶도 그러하다.

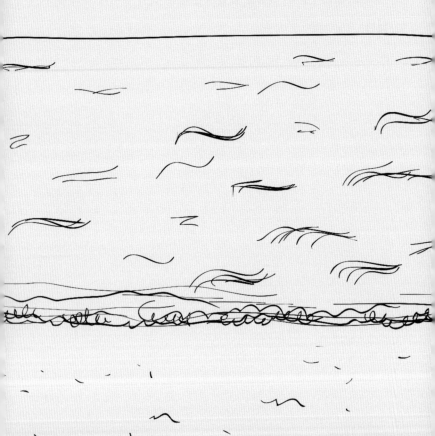

방파제

슬픔이라는 소용돌이에서
살아남기

우리에게는 문제가 있지만 그것에 대한 뾰족한 해결책
은 없다. 그 문제는 바로 '배멀미'다. 배멀미를 가라앉히려면 어
떻게 해야 할까? 누워 있으면 될까? 생강 뿌리를 먹으면 될까? 갑
판에서 두 다리를 벌리고 서 있으면 될까? 이렇게 해도 소용없다
면 다른 방법이 있다. 방파제를 이용하는 것이다. 방파제가 있으
면 아무리 성난 파도가 쳐도 막아주니 배멀미를 조금이나마 줄일
수 있다.

거센 파도는 열렬한 사랑처럼 모든 것을 휩쓸고 배를
난파시킨다. 누구도 거센 파도를 피해 살아남기 힘들다. 사랑은
서정적이면서 격렬하다. 루브르 박물관에 전시된 앙투안 바토
Antoine Watteau의 그림은 사랑의 감미로움을 표현했다. 그림의 제
목은 〈키테라 섬으로의 출항〉이다. 키테라 섬은 '비너스의 섬'이

라고도 불리는데 계절은 봄만 있다. 그림 속에는 연인의 행복한 모습이 보인다. 비단옷의 사각거리는 소리와 반짝이는 웃음소리가 퍼지고, 애무와 사랑의 맹세가 들리는 듯하다.

　　주변만 둘러봐도 사랑에 빠진 사람들은 행복하다. 사랑은 영원할 것 같고, 사랑하는 시간 동안에는 기쁨이 계속된다. 사랑을 하면 이제까지 살던 곳과 다른 곳에서 사는 것처럼 삶의 모든 것이 경쾌하고 가뿐해서 길을 걸을 때도 땅 위를 걷는 게 아니라 구름 위를 걷는 기분이 들기도 한다. 모든 걸 해낼 수 있을 것 같은 기분에 신이 된 것만 같다. 저 멀리 보이는 바다도 감미로운 낙원과 순수한 기쁨을 약속한다. 그림 속에서는 항해의 현실과 위험, 항해 동안 일어날 수 있는 죽음과 고민은 전혀 볼 수 없다.

　　사랑이 무엇을 할 수 있는지 제대로 설명할 수 있는 것은 바다뿐이다. 바다도 사랑처럼 위로가 되면서 절망이 된다. 바다도 사랑처럼 기쁨을 주면서 모욕감을 안겨준다. 사랑은 무엇인가를 주면서도 그만큼 빼앗아간다. 사랑은 죽는다. 아니면 사랑 때문에 우리는 죽는다. 마치 우리의 목숨을 앗아가는 파도처럼 말이다. 사랑은 등대이자 암초, 불꽃이자 칼날이다. 사랑은 한없이 주다가도 거칠게 모든 것을 앗아간다. 아무리 아름답고 단단한 사랑이라고 해도 영원하지 않기 때문이다. 참으로 치명적이다. 우리는 바다에게 지배되는 것처럼 사랑에 지배된다. 사랑과 바다는 마음대로 오고 간다. 사랑과 바다의 존재는 기적같지만, 그것이 주는 타격은 넘치는 환희만큼이나 지독하고 아프다.

　　실연으로 아파할 때 곁에서 위로해주는 사람들은 "하나를 잃으면 열 개를 얻는다고 하더라", "그 사람에게 너는 과분한 상대였어"라고 말하지만 상처만 키울 뿐이다. 그런 말은 아무런 위로가 되지 않는다. 진실은 이렇다. 사랑은 길들일 수 없으면서도 연약하다. 사랑은 태어나 활짝 피었다가 퍼석하게 시들고 끝내 사라진다. 삶에서 실연의 상처만큼 위로가 되지 않는 상처가 있을까?

　　하지만 이건 인정하자. 사랑 없이 우리는 아무것도 아니다. 우리는 사랑하는 상대를 위해 존재한다. 그렇기에 이별의 슬픔은 단순히 외로움만 남기는 게 아니라 더 깊은 상처로 이어진다. 사랑했던 상대에게 내가 더 이상 아무 의미가 없다는 건, 날개가 다 자라서 더 이상 기대할 것이 없는 성인 나비나 제비와 같다. 실연을 겪은 사람은 구름 위를 걷다가 다시 현실의 땅바닥에 내려오게 된다. 원래 있던 자리로 돌아오는 것이다.

　　실연의 아픔이 참기 힘든 이유는 사랑에 빠질 때와 같은 증상이 나타나기 때문이다. 오직 헤어진 연인만 생각난다. 종일 그 생각만 하고 오지 않는 전화를 하염없이 기다린다. 그 사람은 더 이상 곁에 없는데 여전히 매달리고 자격 없는 집착만 한다. 마치 비극 속 주인공처럼 내내 괴로워하다가 이내 분노에 휩싸여 복수를 꿈꾼다. 지나친 애착이 증오로 변하는 순간이다. 이때 방파제의 기술로부터 교훈을 얻을 수 있다. 방파제가 맡은 일은 피해를 줄이는 것이다. 방파제는 이렇게 말한다. "소용없어. 난 안 쓰러져."

네덜란드에는 바다와 싸우는 특수부대가 있다. 프랑스의 다리와 방파제 같은 역할인데, 네덜란드를 지키는 진정한 군대다. 이 특수부대 덕에 네덜란드가 존재할 수 있었고, 홍수를 막아준 것도 그 덕분이었다. 방파제는 틈이 조금이라도 생기면 재앙이 발생할 수 있어서 계속 관리해야 한다. 방파제 관리는 너무나 중요한 일이어서 네덜란드 역사에는 방파제를 감시하는 '방파제 백작'이라는 귀족 계급이 있을 정도였다.

방파제 기술이 전하는 교훈이 있다. 마음이 강하든 여리든 우리는 슬픔을 누를 수 있는 마음의 방파제를 세울 수 있다는 것이다. 그 덕에 우리는 완전히 나락으로 떨어지지 않을 수 있다. 실연의 상처가 크면 무기력해져서 냉정함을 잃거나 최악의 결정을 내릴 수 있기 때문이다.

과장이라고 생각할 수 있지만 실연의 상처는 죽음과 같지 않을까? 그렇다. 어제까지만 해도, 아니 그 전에도 영원히 사랑하겠다고 맹세하던 그 사람에게 나는 이미 죽은 것과 다름없다.

너무나 빨리 내가 잊히고 지워진다. 그렇기 때문에 방파제 기술은 꼭 필요하다. 내 안에 방파제가 있다면 실연을 겪어도 절망의 구렁텅이에 빠지지 않는다. 나 자신을 부정하지 않고 계속 살아가야 하지 않겠는가.

기력을 회복하고 살아야겠다고 생각한 사람들은 여러 방법으로 실연의 상처를 극복해간다. 글쓰기에 몰두하기도 하고, 열렬히 사랑했던 상대에게 행복을 의지하지 않겠다고 결심하기도 한다. 가고 싶었던 먼 나라로 여행을 떠나기도 한다. 외모, 동네 혹은 생활 패턴을 바꿔보기도 한다. 더는 자기 자신을 나락으로 몰고 가지 않기 위해 나름의 건강한 방식을 기른다.

중요한 것은 남이 나에게 무엇을 했느냐가 아니다. 고통을 극복하고 실연한 나 자신을 부정하지 않겠다는 의지가 있느냐다. 상처를 아물게 할 수는 없어도 상처에서 피가 너무 흐르지 않게 할 수는 있다. 배멀미에 치료약이 있듯이 실연의 상처에도 치료약은 있다. 선원들의 처방전을 눈여겨보자. 그것은 거친 물결이 와도 휩쓸리지 않는 단단한 중심이다. 우리가 상실의 구렁텅이로 빠지지 않게 막아주는 방패와 같은 방파제다. "소용없어. 난 안 쓰러져."

푸른색

삶은 수많은 색채를
경험하는 것

끝도 없이 이어지는 바다를 둘러본다. 바다는 어떤 존재일까? 바다를 단순히 풍경이라고 할 수 있을까? 바다는 그 자체로 존재감이 있다. 바다의 진짜 모습을 제대로 묘사해서 설명하기란 쉽지 않다. 바다의 참모습은 보거나 탐구한다고 알 수 있는 것이 아니다.

바다는 쉽게 자신을 보여주지 않는다. 마치 수수께끼와 같아서 겉으로 보이는 모습부터 설명하기 어렵다. 우리는 보통 바다를 푸른색이라고 이야기한다. 하지만 우리는 바다가 가지고 있는 실제 빛이 푸른색이 아니라는 걸 안다. 바다는 물, 그냥 물이다. 지금 당장 수도꼭지를 열어 유리컵에 따르는 물처럼 바다도 투명한 액체다. 그런 바다를 우리는 왜 푸른색이라고 하는 걸까? 실제 바닷빛과는 무관하게 바다를 푸른색으로 보고 있는 건 바로 우리의 눈이다. 우리의 눈이 바다를 푸른색으로 보는 셈이다.

언제나 같은 빛을 보이는 것 같아도 바다는 시시각각 다른 모습을 우리에게 보여준다. 바다마다 각각 다른 빛을 가지고 있는 건 물론이고, 같은 바다여도 어제와 오늘의 빛깔이 다르기도 한다. 어느 날은 푸르스름한 빛이었다가 어느 날은 푸른빛, 어느 날은 짙은 녹색을 띠기도 한다. 그런 걸 보면 바다는 마치 하늘 같다.

바다는 푸른 색채가 덮인 하늘처럼 보인다. 회색 구름이 끼는 흐린 날이면 바다는 1차 세계대전 시기의 프랑스군 제복처럼 청회색으로 물들고, 구름 하나 없이 맑은 날이면 하늘보다 더 푸른색을 낸다. 그렇게 서로가 서로에게 영향을 주는 것처럼 보이는 하늘과 바다를 보고 있으면 한 가지 의문이 든다. 그렇다면 빛이 비집고 들어갈 틈도 없고, 하늘도 비출 수 없는 어두컴컴한 동굴 속의 바다가 여전히 푸른색인 건 어떻게 설명할 수 있을까?

그런데 실제로 이런 상황에서도 바다가 푸른색인 것은 태양 덕분이다. 태양 빛에는 무지갯빛을 이루는 다양한 스펙트럼의 색이 포함되어 있다. 그리고 바다의 물결은 이런 무지갯빛을 남다르게 비춘다. 태양 빛이 바다에 닿으면 붉은색, 노란색, 주황색은 흡수되고 녹색은 사라진다. 결국 남는 색은 푸른색뿐이라 우리 눈에 푸른색으로 보이는 것이다.

바다는 배경에 따라서, 무엇과 함께 있느냐에 따라서도 그 빛이 달라진다. 밝은색 모래가 있는 프랑스 남부의 바다는 새파랗고, 식물성 플랑크톤과 작은 해조류가 많은 곳의 바다는 터키옥색을 띤다. 간혹 바다가 유난히 에메랄드빛 녹색을 띠는 것은 식물성 플랑크톤 때문이다. 바다 안에 떠다니는 작은 해조류가 자체 엽록소를 통해 태양 빛에서 푸른색을 흡수해서 녹색만 남는 것이다. 식물성 플랑크톤은 자신의 역할을 다하고 있을 뿐인데 그처럼 바다 위에 드넓은 초원을 만들어준다.

바다는 이렇게 화학작용을 활용해 색의 마법을 부린다. 실제로 바다는 투명하지만 푸른색 혹은 녹색처럼 보이는 연기를 한다. 태양 빛을 사용해 멋진 모습으로 자신을 꾸민다. 우리도 바다처럼 일상에서 예술가가 될 수 있지 않을까? 빛을 조절해 나만의 색을 멋지게 꾸밀 수 있지 않을까? 왜 우리는 단색에 만족할까? 우리가 회색을 무지갯빛으로 빛낼 수 있다면?

삶은 아름답게 빛내는 것이다. 그저 숨 쉬며 살아가는 것만으로는 충분하지 않다. 평범한 삶을 풍요롭고 아름답게 만드는 것은 우리가 할 일이다. 우리는 그럴 마음만 있다면 별것 아닌 작은 것을 근사한 선물 상자처럼 만들 수 있다.

새롭게 배우고, 멋진 아이디어를 찾고, 매일같이 출근하고 퇴근하는 길에 일상 속 반짝이는 것에 반하고, 한 번도 들어본

적 없는 말을 알게 되면서 하루를 즐겁고 뜻깊게 보낼 수 있다. 삶은 어디부터 어디까지일까? '한평생'만을 삶이라 할 수 있는 걸까? 알차게 보낸 오늘 하루, 새로운 도전을 한 반나절, 몰랐던 걸 알게 된 순간, 무엇인가에 설레던 찰나, 이 모든 게 삶이 아닐까? 삶은 통으로 보면 한두 가지 색으로 된 직선처럼 보이지만, 조각으로 보면 그 모든 순간이 다채로운 색으로 꾸며져 있는 '삶' 그 자체다.

삶을 다채로운 색으로 칠할 수 있는 사람은 오직 나뿐이다. 삶을 푸른색으로 칠하자. 삶이라는 그림을 펼쳐놓고 바람이 와서 넘기기를 바라지 말고, 내가 붓을 들고 직접 색을 칠하자.

별것 아니라고 생각한 작은 것이 모든 것을 바꿀 수 있다. 현재 나의 삶이 심심한 단색이라면 오색 빛깔을 더해주면 된다. 방법은 아주 쉽다. 평범한 일상을 특별한 일정으로 채우면 된다. 어제와 똑같은 날처럼 느껴지는 9월 24일, 시작부터 풀리는 일이 하나도 없는 10월 12일, 혹은 종일 무기력한 6월 11일에 그 자체의 빛을 더하자. 평범한 일상을 서정적으로 만들자.

여름과 바캉스는 이미 본 것과 다른 사람들이 좋다고 하는 것으로 단조롭게 채워서는 안 된다. 여유를 가지고 눈을 크게 떠서 일하는 주간에도 새로운 것을 발견해야 한다. 아름다움과 빛나는 순간에 목마른 여행자처럼 일상을 보내자. 비현실적이라고?

순진하다고? 우리의 일상을 푸른색으로 칠하면 영혼을 푸른 물결로 적시는 셈이 된다. 근심이 가득하면 삶을 시처럼 만들 수 없다. 그저 그런 평범한 월요일을 보내면 삶을 변화시킬 마법을 만들 수 없다.

그렇다고 모든 순간을 푸른색으로 칠하라는 뜻은 아니다. 기쁨의 푸른색 안에도 고통이 주는 어둠이 있을 수 있다. 과거에 겪은 슬픔을 떠올리면서도 행복의 맛을 새롭게 음미할 수 있다. 가장 아름다운 푸른색은 바다의 짙은 푸른색이 아닐까? 바다의 짙은 푸른색은 검은색이 칠해진 과거처럼 장엄하고 비밀스러운 상처와 같지 않은가? 인생을 푸른빛으로 본다고 해서 환상에 사로잡히는 것은 아니다. 칙칙한 일상을 빛낼 무엇인가를 끌어내어 삶의 기쁨을 찾는 것이다.

바다는 우리에게 삶을 빛내는 예술을 가르친다. 바다는 애매한 색 혹은 빛이 사라진 어두운 것을 거부한다. 바다는 태양빛을 흡수해 변화시키고, 항상 색과 빛을 품고 있다. 이런 바다의 모습은 납을 황금으로 만들려는 연금술사와 같다. 우리도 흰색을 푸른색으로 바꾸는 바다의 물결처럼 일상을 색칠할 수 있다. 억지로 그늘을 없애지 말고 가치 있는 색을 선택해서 덧칠하면 된다.

삶이란 독이 되는 붉은색, 멍과 같은 보라색도 있기 마련이다. 2020년 봄, 태평양에 이상한 변화가 생겼다. 하루 동안 태평양이 시뻘건 색이 되었다가 밤이 되자 짙은 푸른색으로 되돌아온 사건이다. 캘리포니아 라구나 해변Laguna Beach이 지상 최대로 환상적이게 변한 순간이었다. 보는 이들로부터 감탄사가 터져 나왔다. 하지만 아름다운 겉모습과 달리 현실은 환상적인 이야기와는 한참 거리가 멀었다. 적조 현상으로 인해 시뻘겋게 변한 바닷물에서는 역겨운 유황 냄새가 났다. 유독한 작은 해조류인 와편모충이 바닷물에 퍼졌기 때문이다.

2018년 8월에도 플로리다에서 동일한 적조 현상이 발생해서 당시 주지사가 위기 상황이라고 선언하기도 했다. 많은 해양 동물의 사체들이 황폐해진 해변으로 떠내려왔고, 특히 돌고래가 많이 희생되었다. 원인은 기후 변화, 농업용 폐수, 쓰레기 더미로 물의 온도가 높아진 데에 있었다. 물의 온도가 높아졌기에 푸른색 혹은 녹색의 해조류가 걷잡을 수 없이 많이 생겨 바다에 퍼져 나간 것이다. 이 사태의 유일한 범인은 결국 인간이다. 인간은 자연뿐 아니라 같은 인간에게도 피해를 끼친다. 시뻘겋게 변한 바다에서 진동하는 악취는 또 다른 인간을 괴롭게 하고, 해양 동물의 사체로 흉물스럽게 변한 해변을 처리하는 것도 결국 인간의 몫이다.

엉망인 일상 속에서도 빛을 보고 간직하는 능력은 적조 현상에서 얻을 수 있는 교훈이다. 마음속을 채우는 푸른색은 우연히 생기지 않는다. 우리가 빛에 충분한 관심을 둘 때 비로소 생긴다. 추한 것에 수동적으로 끌려가 일상을 망치지 않고 아름다움에 기회를 주며 우리의 삶을 다채로운 색으로 물들이는 것은 우리의 능력에 달려 있다.

닻

바람에
휘청이지 않도록

휘청이는 배에서 마지막으로 의지할 수 있는 건 커다란
닻뿐이다. '성스러운 닻' 혹은 '자비의 닻'이라고 불리기도 한다.
배에서 가장 무거운 것도 바로 닻이다. 폭풍우가 몰아치는 바다
한가운데에서 휩쓸려가지 않고, 내가 가고자 하는 방향대로 가기
위해서 의지할 수 있는 단단한 버팀목이다.

우리에게는 각자 자신만의 커다란 닻이 있다. 마음속에
바람이 몰아칠 때 고통을 가라앉혀주고 쉴 수 있게 해주는 커다란
닻이다. 이 같은 커다란 닻이 있기에 휴식이라는 은총을 받을 수
있다. 모세오경에서는 커다란 닻을 '레헴rehem'이라고 한다. '레
헴'은 신의 마음, 신의 자비, 인간을 용서하고 위로하는 신의 따뜻
한 애정을 뜻한다. 이처럼 초기 기독교인들에게 '닻'은 의지할 수
있는 체계를 상징했다.

닻은 힘을 불어넣어준다. 도무지 벗어나기 힘든 어려움이 닥쳐도, 모든 것을 잃어도 물러서지 않게 해주는 힘이다. 그리고 닻은 희망을 상징한다. 실낱같은 믿음, 설령 그것이 헛된 믿음이라 하더라도 앞으로 나아갈 수 있게 해주는 믿음이다.

희망과 위로를 다시 불어넣는 것은 무엇일까? 절망하시 않도록 해주는 자비의 닻은 어디에 있을까? 모든 것이 마음대로 되지 않을 때 번민을 잠재워주고 안정을 가져다줄 수 있는 중심적인 닻은 어디에 있을까? 이러한 닻을 제대로 알아보고 주저 없이 의지할 수 있을까?

이러한 성스러운 닻을 알아보고 의지하려면 은총을 구할 수 있어야 한다. 자신을 돕는 것은 결국 자기 자신이다. 그러기 위해서는 자신을 향해 시선을 돌리고 "이제 끝났어"라고 분명하게 말하며 답답한 상황을 끝낼 수 있어야 한다.

어떻게 해도 안 되는 관계, 일, 사정에 더 이상 집착하지 않는 것이 그 시작이다. 그걸 어떻게 하냐고? 고개를 들고 파도와 물결에 휩쓸리지 않게 도와주는 자신만의 닻을 찾으면 된다. 그 닻을 알아보는 것이 정말로 중요하다. 우리에게 살아갈 힘을 불어넣어주고 의지를 갖고 결정할 수 있게 돕는 구원의 존재가 그 닻이기 때문이다.

우리가 가진 힘을 어떻게 하면 온전히 되찾을 수 있을까?

어떻게 하면 커다란 소용돌이, 바다의 블랙홀* 속으로 빠져들지 않을까? 우리에게 상실감을 안겨주는 것은 무엇일까? 원인이 무엇일까? 인정을 받지 못해서? 진심 어린 사랑을 받지 못해서? 감사함을 받아본 적이 없어서? 말을 들어주지 않아서? 마땅히 받아야 할 대우를 못 받아서? 항상 같은 감정과 불안함을 일으키는 원인이 네다섯 가지 있을 것이다. 이때 필요한 닻과 치료책은 무엇일까? 입 다물고 분노를 쌓아두기? 반대로 '아니요'라고 말하기? 무조건 수긍하거나 불필요한 싸움을 참기? 상대방을 더 이해하거나, 반대로 내 생각을 분명히 말하기?

커다란 닻으로 반복되는 부정적인 시나리오를 끝내야 한다. 그 순간에는 참고 있다가 나중에 후회하는 태도와 결별해야 한다. 닻은 우리가 자신에게 멈추라는 말, 당하고 있지 말라는 경고, 두려움과 계속 생각나는 옛 상처에서 벗어나라는 충고다. 나만의 닻이 있으면 감정에 휩싸이지 않고 편안한 마음과 정신을 유지할 수 있다.

단순히 조용한 마음과 절제된 마음으로 만족하지 않는다는 사람도 있을 것이다. 나는 그들에게 되레 묻고 싶다. "왜 요동

---

* 바다에 블랙홀이 있다고 주장하는 과학자들이 있다. 바다의 블랙홀은 너무 거대해서 빛을 포함한 주변의 모든 것을 끌어당긴다고 한다. 그 지름은 무려 200킬로미터에도 이를 수 있다.

치는 감정이 더 낫다고 생각하는가?" 나도 알고 있다. 인간은 쾌락과 유혹을 느끼게 하는 것에 의존하는 성향이 있고, 부족한 무엇인가를 채워줄 대상이 있을 때 쾌락을 느낀다. 하지만 문제는 이런 상태가 영원하지 않다는 점이다.

쾌락이 사그라들면 우리는 버림받고 좌초된 것처럼 마음이 공허해진다. 하지만 마음이 평온하고 자신만의 방향과 정신이 있다면 외부에 의존하지 않는 독립심이 생긴다. 독립심은 타인에게 의지하는 게 아니라 배를 조종하는 자신의 능력에 의존한다. 닻으로 굳건하게 중심을 잡고 있으면 외적인 감정에 함부로 휘둘리지 않고 억지로 변하려 하지도 않아서 진정으로 나다움을 느낄 수 있다.

닻이 있다는 것은 무감각한 것도 아니고 수동적인 것도 아니다. 닻이 있으면 원통함, 분노, 욕망 같은 부정적인 감정에 휘둘리지 않는다. 평온한 마음은 나약함이 아닌 '자신감'의 다른 이름이다. 자신감이 있으면 내가 원하는 것이 무엇이고, 얻을 수 없는 것이 무엇인지 구분할 수 있다. 그리고 무엇보다 다른 사람들로부터 인정을 받으려고 애쓰지 않는다.

나를 해방시킬 수 있는 것은 오직 나 자신이다. 마찬가지로 나를 괴롭히는 것도 나 자신이다. 그래서 강한 바람에 휩쓸리지 않도록 최후의 수단인 커다란 닻이 필요하다. 닻은 간단하게 던지는 것이 아니라 세심하게 신경 써서 내리는 게 중요하다.

내게 자주 상처를 안겨주는 것이나 쓸데없는 근심에서 벗어나려면 굳은 결심이 있어야 한다. 힘을 빼고 스스로 재능을 낭비하는 것에서 벗어나기 위해서도 마찬가지다. 나에게 꼭 붙어 있는 신성한 닻은 역설적으로 가장 큰 자유를 안겨준다. 물결이 아무리 강해도 닻에서 떨어지지 않는다는 생각으로 얻을 수 있는 자유다.

바다의 운명은 끝없이 돌아가는 운명의 바퀴와 같다.

우명의 바퀴는 우리의 삶에 좋은 일과 나쁜 일,

성공과 실패를 가져다준다.

인생이란 한순간이고 확실한 것은 아무것도 없다.

선원

인 생 의 주 인 공 이
되 는 법

런던에 있는 테이트 갤러리에 가면 회색, 황갈색, 흰색
이 어우러진 강렬한 그림이 한 점 있다. 흐릿하기는 하지만 형체
를 보아하니 배인 것 같다. 그림 속 배 주변에는 폭풍우가 불고 있
다. 바다와 하늘 사이에는 경계가 없고, 그저 강한 폭풍우가 그림
전체를 휘감고 있을 뿐이다. 가만히 그림을 보고 있으면 마치 폭
풍우 한가운데에서 그 장면을 보고 있는 듯 시끄러운 소리가 들리
는 것 같다. 배 주변을 감싼 것은 흐릿한 은빛 불빛, 그리고 파란색
하늘이 얼핏 떠오른다. 생동감 넘치는 이 그림은 움직임과 색채를
강하게 전달한다. 당장이라도 그림에서 폭풍우가 뚫고 나와 나를
휘감을 것만 같다.

이 그림은 윌리엄 터너William Turner의 〈눈보라: 항구 어
귀에서 멀어진 증기선〉이다. 바다 한가운데에는 파도, 안개, 하

늘만이 아득하게 보인다. 그림의 설명은 이렇게 되어 있다. "작가가 실제로 밤에 경험한 폭풍이다. 아리엘Ariel 호가 영국 해리치Harwich를 떠난 밤이었다." 터너는 선원들에게 폭풍우를 관찰하고 싶으니 자신을 돛에 매달아달라는 부탁까지 했다고 한다. 그렇게 4시간 동안 폭풍우를 온몸으로 맞으며 폭풍우에서 빠져나갈 수 없음을 확실하게 경험한 것이다.

물론 이 이야기에 드라마를 위한 약간의 과장이 들어가 있을지도 모른다. 하지만 한 가지는 분명하다. 터너의 그림은 바다, 하늘, 인간 사이의 융합을 전한다. 선원들은 스포츠 선수가 아니다. 선원들이 바다와 경기를 하고 있긴 하지만 추구하는 목표는 스포츠 경기에서 얻는 성적과는 다르다. 선원들이 추구하는 건 오로지 바다를 만나는 것이다. 그들은 요트의 전설인 에릭 타발리Eric Tabarly가 말한 것처럼 "바다와 스치기"를 바란다.

바다에서는 누구나 단 한 명의 주인공이 될 수 있다. 바다에서는 우리가 유일한 선장이기 때문이다. 아무리 기술과 바람의 도움을 받고 주변에 동료들이 있다고 해도 믿을 것은 오직 자신뿐이다. 바다에서 무언가를 결정한다는 건 위험과 마주하고 불확실한 상황에서 결단을 내리는 것이다. 애매한 결정은 안 된다. 빠르게 판단하고 적극적으로 뛰어들어 결정을 내려야 한다.

그래서 선원들이 생각하는 '완전한 삶'은 우리와 다르다.

그들은 언제나 '올인'한다. 올인한다는 생각은 선원들에게 공통적으로 나타나는 특징이다. 우리도 이렇게 할 수 있다. 꼭 반드시 머나먼 바다로 떠나거나 혼자 세계 일주를 할 필요까지는 없다.

선원들의 삶을 향한 태도는 살면서 모든 걸 억지로 남에게 맞추지 않는 점에서 시작되는 듯하다. 상대방이 원하면 억지로라도 "감사합니다", "예", "아니요"라고 말하는 것을 하지 않는 태도 말이다. 선원은 누가 부를 때 아주 간단명료하게 대답한다. 그리고 때로는 상대방과 거리를 두고 침묵으로 대답을 대신하기도 한다.

인간이 바다와 맺고 싶은 관계는 '자유로움'이다. 이것을 선원이 몸소 보여준다. 자유로운 선원은 어느 것에도 지배를 받지 않는다. 이 또한 선원들의 삶의 태도와 이어진다고 할 수 있다. 그들은 순응적이지 않기에 남과 억지로 보조를 맞추지 않는다. 바다는 선원들에게 이런 태도를 어떻게 선물한 걸까?

그건 바다를 보면 알 수 있다. 바다는 지조가 있다. 바다는 자유의 의미를 잘 보여주는 존재다. 우리는 어디에 갇히거나 무엇에 방해받지 않을 때 '자유롭다'고 한다. 이처럼 바다는 우리에게 삶에서 억지로 해야 할 일은 아무것도 없다고 말해준다. 늘 준비해서 대답을 할 필요가 없고, 아무 계산 없이 도와야 할 의무도 없고, 남의 말을 조용히 경청할 의무도 없다. 바다와 선원들은 따뜻하고 건강한 '이기주의'가 있어야 독립심을 유지할 수 있다고 말한다.

또한 바다는 우리에게 각자의 개성을 기르라고 말한다. 돛에 매달린 터너처럼 자기다움을 포기하지 말고, 오히려 자기가 지닌 개성을 지켜야 한다. 도드라진 개성 때문에 다른 사람들과 어울리지 못할까 봐 걱정도 되지만, 걱정할 필요는 없다. 개성은 병도 아니고 강박관념도 아니다. 그저 남들이 하는 것과 똑같이 해야 한다는 생각에서 벗어나고, 우리 각자가 세상에 단 하나뿐이라는 사실을 받아들이면 되는 것이다.

그리스어에서 '자유'는 '개성'을 뜻한다. 개성은 분류되는 것에 저항한다. 나 자신에게 정기적으로 이런 질문을 해보자. "나를 나답게 해주는 것은 무엇일까?" 우리는 남들과 다른 존재로 살아간다. 그러니 남들의 기대에 맞춰 살 필요가 없다. 다른 사람들의 기대대로 움직이지 말고, 가택 연금에 묶여 있는 삶은 거부하자.

무엇보다 우리만의 언어를 말하려고 해보자. 그리스어 '이디오스idios'는 '바보'를 나타내는 '이디오메idiome'와 어원의 뿌리가 같다. 모두 '특별한'이라는 뜻이다. 고대 그리스에서는 바보가 된다는 것은 긍정적인 의미였다. 바보가 되는 것은 모욕적인 일이 아니다. 자신의 인생에 대해 쓴 새로운 개념의 소설에서 주요 등장인물이 되는 기술이다. 자신의 개성을 소중히 하려면 어떻게 해야 할까? 어떻게 하면 그 어떤 집단이나 무리에 속하지 않는 '바보스러운 사람'이 될 수 있을까?

한 시인이 이런 말을 했다. "나를 있는 그대로 받아줘요. 나는 당신이 생각하는 사람이 아니에요. 아니, 나는 당신이 원하는 그런 사람이 아니에요!" 이 말을 우리의 슬로건으로 삼는 건 어떨까? 우리는 거절하고 찬성할 수 있는 존재다. 또한 우리는 남에게 기쁨을 주거나 방해가 되는 존재가 아니다. 선원은 신이나 규칙이 없어도 알아서 뱃머리를 돌리지 않는가.

혼곶으로 향하는 선원들은 형제애로 연결되어 있다. 이들 모험가는 마침내 남미의 높은 곳에 위치한 혼곶을 성공적으로 건넜다. 이들은 서로 특별하게 묶여 있다는 것을 표시하고자 왼쪽 귀에 귀걸이를 달고 있다. 물론 나다워지고 싶다고 해서 몸의 어딘가를 뚫을 필요까지는 없다. 하지만 선원들의 이야기를 통해 남들을 의식하지 않고 순응하지 않는 자유의 마음가짐을 기를 수 있다.

빙하

모든 것은
그저 과정일 뿐

그리스 신화에 나오는 에레보스Erebus는 혼란, 암흑, 지옥의 신이다. 이름만 들어도 이보다 가까이하고 싶지 않은 존재가 또 있을까? 배에 '에레보스'라는 이름을 붙일 사람은 거의 없을 것 같다. 그런데 '테러Terror'라는 이름이 어울리는 배가 있었다. 이름 그대로 공포스러운 비극을 맞이한 배다. 1845년에 서부와 북부의 항로를 발견하기 위해 항해를 떠난 프랭클린Franklin 호가 바로 그것이다.

영국 해군 역사상 가장 끔찍한 비극을 예견하기에 에레보스와 테러만 한 이름도 없다. 배에 타고 있던 해병 129명이 희생되었고, 생존자는 한 명도 없었다. 그런데 한 가지 풀리지 않는 미스터리가 있다. 노련한 해병들이 타고 있었는데, 어떻게 다들 흔적도 없이 사라질 수 있었을까? 에레보스와 테러 주변에는 두려움과 공포만 있다. 빙하의 괴물들이 나오는 이누이트의 전설, 서로의 인육을 먹었다는 의심…. 배들은 겨울에 빙하에 둘러싸여 움직이지 못한 채 기나긴 겨울을 보냈다. 식량은 떨어져가고, 통조림의 질도 좋지 않아서 해병들이 납중독에 걸려 목숨을 잃었을 수도 있다. 어쩌면 생존자들은 북극에 고립된 채 고통스러워하며 구조 요청 대포를 쏘면서 어떻게든 육지로 돌아가려고 했을 것이다. 하지만 누구도 비극을 피할 수 없었다. 오랜 시간이 지난 2016년에 난파선의 잔해가 발견되었다. 삶은 때때로 쉽게 끝나지 않고, 운명이란 끈질길 때가 있다.

부서지지 않을 것 같은 배들도 바다가 빙하로 조여오면 방법이 없다. 배가 빙하에 갇히면 가느다란 가지처럼 힘을 쓰지 못한다. 우리도 살다 보면 빙하에 갇힌 기분이 들 때가 있다. 온도가 갑자기 뚝 떨어지고 모든 것이 얼어버린 다른 세상 속으로 온 기분. 내가 밟은 이 땅은 온통 실패로 가득하고, 고통은 북극의 밤처럼 영영 끝나지 않을 듯 길고, 하루하루 차갑다 못해 시린 실망을 맛본다.

벨기에의 탐험가 아드리앙 드 제를라슈Adrien de Gerlache는 19세기 말에 극지방을 열심히 탐험했다. 극지방 탐험을 위해서는 겨울을 날 줄 알아야 하고, 빙하들에게 둘러싸여도 견딜 수 있어야 한다. 그리고 빙하 사이로 길이 나서 다시 바다를 항해할 수 있을 때까지 살아남을 방법을 생각해두어야 한다. 제를라슈의 배 '벨지카Belgica 호'는 빙하에 둘러싸였으나 약 3,000킬로미터를 표류하고 13개월 후에 다시 바다를 자유롭게 항해할 수 있었다.

　　　겨울을 그저 버티기보다는 겨울을 이용할 수도 있다. 표류하는 과정을 활용해 목표를 이룰 수 있다. 실패와 정체를 역으로 이용해 앞으로 나아갈 수단으로 삼는 것이다. 이것이 바로 노르웨이의 탐험가 프리티오프 난센Fridtjof Nansen의 전략이었다. '프람Fram 호'를 탄 난센은 북극에 갔다가 빙하에 갇혔다. 그 상황에서 버티려면 방법은 두 가지였다. 현실을 인정하거나 빠져나갈 길을 찾아보는 것, 포기하거나 앞으로 나아가는 것. 제를라슈는 이런 말을 했다. "빙하를 피하든, 빙하에 갇히든 우리는 모험을 위해 노력해야 한다." 분명 실패할 수 있다. 그래도 살아남으려면 어떻게 해야 할까? 식량이 떨어지는 것 같은 상황이라면? 제를라슈는 "실패해도 모험을 시도하는 건 나 자신에 대해 계속 배우는 것"이라고 했다.

　　　우리는 살면서 성공을 기뻐하기도 하고, 바람이 불어도 묵묵히 가보기도 한다. 마찬가지로 움직일 수 없거나 역경이 닥쳐도 끝없이 스스로에게 질문하면서 행동을 이해하기도 한다. 만약 지금 삶에서 커다란 빙하가 가로막고 있다면 당신은 성숙해질 수 있는 기회를 만난 것이다. 혹독한 겨울이든, 더운 여름이든 마찬가지다.

　　물론 모든 것이 막힌 것 같을 때, 실패라는 벽이 앞을 가로막고 있을 때 우리는 '어떻게?', '왜?'라는 생각을 한다. 하지만 '내가 어떻게 했어야 하지?', '왜 나는 안 되지?'라고 곱씹어야 승리든 패배든 올 수 있다. 곱씹어보는 과정은 앞으로 나아가기 위해 꼭 필요하다. 실패를 딛고 일어서려면 실패를 성공의 기회로 삼을 줄 알아야 한다. 끝없이 자신에게 관심을 기울이면 앞으로 갈 수 있다. 우리가 왜 성공했는지, 왜 실패했는지 분석하자. 실패해서 막막한 순간에도, 승리해서 기쁜 순간에도 자신의 마음속을 분명히 들여다보도록 하자.

　　인생이 답답하게 느껴질 때가 있다. 억울하거나 희망을 잃거나 수치심을 느낄 때다. 이럴 때 꼭 해야 하는 것이 있다. 계속 나답게 사는 것. 아무리 인생이 괴롭고 답답해도 우리는 우리 자신으로 남아 있다. 모든 것을 잃거나 거의 모든 것을 잃어도 우리는 여전히 우리 자신이다. 어쩌면 이전만큼 진두지휘하던 위치는 아닐지 몰라도 여전히 우리는 쉽게 부서지지 않는 군함에 타고 있다. 흔히 "죽지 않으면 더 강해진다"라고 하지만, 그 말은 틀렸다. 역경을 견뎌도 더 강해지지 않을 수 있다. 그저 역경을 헤쳐 나왔을 뿐이다. 하지만 그 자체로 이미 대단하다.

　　우리는 세로, 가로로 나누어진 도표가 아니다. 손해와 이

익, 수익과 부채, 실패와 성공. 우리의 인생은 이처럼 수학적으로, 회계적으로 단순하게 볼 수 없다. 때에 따라 계산을 하고 성과도 낼 수 있지만 변치 않는 것이 있다. 우리는 숫자와 시장의 법칙에서 벗어난 가치를 지닌 존재라는 사실이다. 앞에 놓인 고난과 부족한 것만 생각하고 살면 안 된다. 어려움이 닥쳐도 그건 그냥 삶의 한순간일 뿐이다. 결국엔 모두 스쳐 지나갈 순간. 어떤 것에 실패해도 그것이 실패한 것이지, 나의 존재가 실패는 아니다. 나는 그보다 훨씬 더 가치 있는 존재다. 그러니 그게 무엇이든 쉽게 포기하지 말자. 겨울나기는 여전히 거친 항해와 같지만, 실패해도 우리는 나답게 살 수 있다.

깃발

느낀 것을
당당히 말하기

해군에게는 알파Alpha, 브라보Bravo, 찰리Charlie, 아빠Papa, 탱고Tango 등의 암호를 의미하는 알파벳이 있다. 이런 해군의 암호와 신호가 적힌 것이 깃발이다. 국제 잠수함 신호법은 전 세계 모든 해군이 모국어와 관계없이 소통할 때 사용하는 시스템이다.

깃발 AAlpha는 "바다에 다이빙하는 사람이 있다. 거리를 두고 속도를 줄이기 바란다"라는 뜻이다. 깃발 DDelta는 좀 더 직접적인 뜻이다. "방해하지 말기 바란다. 조종이 어려운 곳이다." 깃발 KKilo는 다정한 의미다. "교신을 원한다" 혹은 "메시지를 전달해주기를 바란다"라는 뜻이다. 깃발 VVictor는 승리를 나타내는 'V'와 전혀 상관없이 "지원을 요청한다"라는 긴급 메시지다.

살다 보면 깃발을 크게 펼치고 항복을 하는 법도 알아야 한다. 패배했다고 인정하는 게 아니라 전투가 무의미하다는 걸 이해하고 받아들이는 것이다. 때로는 항복이 최선이다. 아무리 해도 바꿀 수 없는 것은 받아들이고 어쩔 수 없다고 생각하는 것이 이롭다.

이 세상에는 멍청한 사람들도, 양심 없는 이기주의자들도, 뻔뻔할 정도로 비열한 사람들도 셀 수 없이 많다. 아무런 이익이 없는 상황도 있다. 이것들을 모두 신경 쓰고 살면 우리만 피곤해진다. 그러니 개선의 여지가 보이지 않는다면 포기하고, 바꿀수 있는 것에 집중하는 편이 낫다.

영불해협 출신의 스페인 귀족 돈키호테는 풍차들과 결투하려고 한다. 풍차의 방향을 바꾸고 풍차를 돌릴 줄 아는 바람이 늘 승리를 거두는데, 이상주의자인 돈키호테는 언제나 타협과 인정을 거부하고 비장할 정도의 고집을 보여준다. 결국 풍차들과의 결투에서 진만 빼다가 패한다. 여기에서 풍차는 병든 시스템, 타락한 사제, 관료를 의미한다. 하지만 세상의 모든 풍차와 싸워서 이길 수는 없다. 인간은 혼자서 정의롭고 순수한 세상을 새롭게 만들 수 없다. 그래도 기사 돈키호테가 보여주는 결투 의지는 인정하자. 적어도 돈키호테는 지는 싸움이어도 용기를 냈으니 말이다.

그는 자신이 느끼는 분노와 열정, 괴로움과 고마움을 솔직하게 표현할 줄 안다. 감정을 표현하는 게 쉬운 것 같아도 아주 큰 용기가 필요하다. 우리는 언제나 상황이 끝난 후에야 '그 말을 할걸', '도와달라고 할걸', '고백할걸' 하며 후회를 한다. 하고 싶은 말을 하지 않고, 화가 나도 참고, 사랑해도 표현하지 않으며 살아간다. 이럴 때는 깃발 F Foxtrot를 사용해보자. 이 깃발의 의미는 "절망적인 상태로 교신을 원한다"이다. 직접 전하기에는 쑥스럽고 어렵고 심각한 유일한 말이다,

"배가 절망적이다"라고 하면 배가 제대로 작동하지 않는다는 뜻으로, '길을 잃어 어쩔 줄 모르는 상태'라는 것이다. 이럴 때는 SOS를 보낼 수밖에 없다. "메이데이 Mayday, 메이데이, 메이데이." '메이데이' SOS 신호는 1923년에 런던 남부 크로이든 공항의 항공무선사였던 프레데릭 스탠리 먹포드 Frederick Stanley Mockford로부터 시작됐다. 원래 그가 하고 싶었던 말은 "도와줘요"(프랑스어로는 "브네 메데 Venez m'aider")였으나 프랑스어 악센트 때문에 상대방이 "메이데이"로 잘못 들은 일화에서 유래했다.

하고 싶은 말이 있어도 하지 못하고 감정을 숨긴 경우가 얼마나 많은가? 입을 다물고 있으면 당연히 오해가 생긴다. 하지만 바다에 있으면 말을 돌리지 않고 직설적으로 핵심만 말하게 된다. 깃발 메시지로 예를 들어보자. NC November / Charlie는 '조난' 상황에서 사용하고, JG Juliet / Golf는 "좌초했다"라는 뜻이다. QL Quebec / Lima은 "즉시 배를 멈추기 바란다"라는 뜻이다.

우리는 일상에서는 분명히 말하지 않고 감정도 직접 전하지 않는다. 도와달라고 할 때, 거절할 때, 경고를 줄 때도 애매하게 말하거나 돌려서 말하고, 그마저도 주저한다. 살면서 많은 시간을 우리는 빙빙 돌려 이야기하는 데 쓴다. 여기서 다시 한번 바다가 우리에게 주는 교훈이 있다. '아니요', '예'를 명확히 하고 형식이 서툴러도 요청 사항은 분명히 표현하는 법을 배우라는 교훈이다. 도움이 필요하면 지금 당장 말하자. "메이데이, 메이데이, 메이데이!"

삶이란 바다처럼 다양한 색을 띤다.
어느 날은 눈부신 푸른색이었다가
또 다른 날은 짙은 회색이다.
바다의 빛이 어제와 오늘이 다른 것처럼
산다는 것도 그러하다.

모비 딕

자신이 무엇을
추구하는지 아는 일

~~~~~~
~~~~~~
~~~~~~

보스턴 바다의 난터켓Nantucket 섬. 낡은 고래잡이배 피쿼드Pequod 호가 항구에 정박해 있다. 그동안 햇빛과 폭풍우에 시달린 돛은 빛이 바래고, 배는 군데군데 세월의 흔적이 보인다. 50년 이상 이 바다 저 바다를 누빈 고래잡이배다. 낡은 갑판에는 향유고래의 이빨 자국이 선명하다.

피쿼드 호의 에이해브 선장은 바다 괴물에게 다리 한쪽을 잃었다. 그 후 그는 오직 복수만을 꿈꾼다. 바다 괴물 모비 딕을 잡아 죽이는 것이 선장의 유일한 인생 목표다. 모비 딕은 무시무시한 흰 고래다.

복수심은 어디에서 올까? 분노다. 부당한 일을 당해 억울할 때, 누군가에게 자신의 것을 빼앗겼다고 확신할 때, 인정을 받지 못하거나 감사의 표현 혹은 답례를 제대로 받지 못할 때 분노가 생긴다. 우리는 살면서 뭔가를 도둑맞았을 때 그것을 되찾아오고 싶어 한다. 분노하는 사람들은 혼란을 원하지 않는다. 원하는 것은 질서다. 원래의 질서로 되돌려놓겠다는 마음에서 분노는 시작된다.

에이해브 선장은 이 깊은 분노를 상징한다. 그리고 모비 딕은 그가 당한 피해와 잔인한 운명이다. 선장은 이 운명에 맞서 싸우고 싶어 한다. 가혹한 운명보다 더 강해지는 것이다. 모든 것이 시련이었던 선장은 바다의 주인이 되어 신과 동등해지고 싶어 하고, 모비 딕은 선장에게 허락되지 않은 모든 것이었다. 그러니 선장은 그놈의 모비 딕을 죽여야 한다고 생각한다.

폴리네시아에서 파타고니아까지 일곱 곳이 있다. 선장은 이 일곱 곳의 바다를 누비며 계속 모비 딕을 추적했다. 타들어 갈 듯한 더운 여름이나 을씨년스러운 겨울이나 선장은 모비 딕을 잡기 위해 모든 것을 희생할 각오로 항해했다. 그는 모비 딕을 잡기 전까지는 만족도 포기도 없었다. 복수심에 사로잡힌 사람은 자기를 파괴한 대상을 파괴하고 악을 악으로 갚으려 한다. 공격을 당했으면 되돌릴 수 없다. 복수심은 차갑든 뜨겁든 갈증만을 남긴다.

복수심에 불타는 사람은 부당한 일은 일어나지 않았어야 한다고 늘 생각한다. 그러나 부당함이 없었던 일이 되지는 않는다.

오히려 기억만 선명하게 되살릴 뿐이다. 분노만 해서는 원하는 것을 얻을 수 없다. 이러한 무력감 때문에 복수하려는 사람은 더 분노하며 피의 복수는 강도가 더욱 세진다.

우리가 에이해브 선장이었다면 우리도 악마 같은 흰 괴물을 죽여서 없애고 싶을 것이다. 하지만 그렇다고 해도 현실을 바꿀 수는 없다. 잔인하게 들리겠지만 현실은 현실이다. 이미 일어난 일은 되돌릴 수 없다는 현실 앞에서 사람들은 울부짖으며 분노한다. 마치 벽에 대고 욕하는 것처럼, 벽은 꼼짝도 하지 않는다. 이미 벌어진 일은 원래대로 수습할 수 없다. 흰 고래는 이처럼 가혹한 현실을 상징한다. 우리의 욕망이 무엇이든, 우리의 원한이 무엇이든 현실은 귀를 닫고 듣지 않는다.

선장은 모비 딕의 등 위에 갈고리를 던졌으나 갈고리는 빗나간다. 하얗고 매끄러운 등에서는 모든 것이 미끄러져버린다. 이처럼 분노의 고래잡이배에 올라타지 않으려면, 우리 자신이 에이해브 선장처럼 되지 않으려면 무엇을 할 수 있을까? 특별한 방법은 없다. 그저 분노가 가라앉을 때까지, 파도가 잔잔해질 때까지 기다리는 수밖에 없다.

격렬한 분노도 결국에는 가라앉는다. 거센 파도도 결국 거품이 꺼지면서 잔잔해진다. 단, 분노한 상태일 때는 행동이나 말을 막 해서는 안 된다. 그 순간에는 시원할지 몰라도 이후에 대가를 톡톡히 치른다. 한참 열심히 내려온 언덕을 다시 올라갈 때 그 과정은 더욱 길고 괴롭다. 고삐 풀린 분노는 폭풍우처럼 에너지가 많이 소비되는 일이다. 폭풍우가 지나가면 배는 망가지고 돛은 찢어져 있다. 배를 고치는 것은 여간 힘든 일이 아니다.

분노에 휩싸이면 이성적으로 생각하지 못하고 상황을 과장한다. 분노한 사람은 상황을 왜곡해서 바라본다. 마치 모욕을 준 것 앞에서 큰 소리로 괴롭게 말하는 것 같다. 분노가 가라앉아야 상황을 정확히 평가할 수 있다. 우리는 분노하면 원인이 되는 것을 과장해 바라보며 이성을 잃는다. 그때의 기분은 한없이 깊은 우물 바닥으로 떨어지는 것 같다.

분노에 휘감겼을 때는 결정을 하지 말고 분노부터 어떻게든 달래는 것이 좋다. 외출을 해도 좋다. 회의 중이라면 회의실을 나가거나 논쟁을 멈추는 것도 방법이다. 마음속으로 '그만!' 하고 크게 외쳐보고, 현재 나의 상태를 있는 그대로 보려고 해야 한다. 분노로 얼굴이 험악하게 일그러져 있지 않은가? 흰 고래는 놔주고 상처를 치료해야 한다. 세상은 우리가 바라는 대로 돌아가지 않고, 따뜻하지도 포근하지도 않다. 바다에는 숱하게 많은 악마와 고래가 지나간다. 분노가 악마와 고래를 물리치지는 못한다.

《모비 딕Moby Dick》의 작가 허먼 멜빌Herman Melville은 에이해브 선장처럼 분노에 눈이 먼 적은 없으나 태평양을 항해한 경힘은 많았다. 멜빌은 18개월이라는 짧은 기간 동안 약 700페이지나 되는 이 소설을 완성했다. 그가《모비 딕》에서 말하고자 한 것은 단순히 고래 사냥 이야기가 아니었다. 신성한 힘을 상징하면서 예측할 수 없고 길들일 수 없는 힘을 상징하는 바다에 대한 찬가를 쓰고 싶었다. 나름 기대를 하고 출간한《모비 딕》은 성공하지 못했고, 심지어 멜빌에게는 시련의 시작이었다.《모비 딕》출간 후 빚은 쌓여갔고 이후의 작품들은 출판사에서 받아주지 않거나 출간이 되어도 독자들에게 외면을 받았다. 어쩔 수 없이 멜빌은 뉴욕에서 세관원으로 일하기로 했다. 멜빌에게 세관원 일은 기러기를 돌보는 일보다 최악의 일자리였다. 흰 고래를 잡는 꿈을 꾸던 그에게 어울리지 않는 일이었다.

《모비 딕》은 손에 넣기 힘든 무엇인가를 쫓는 우리의 이야기이기도 하다. 우리는 무엇인가를 열렬하고 간절히 원한다. 그 모든 것은 흰 고래로 상징될 수 있다. 흰 고래는 복수의 대상뿐 아니라 마음속 깊은 곳에 간직된 알 수 없는 오래된 욕망이 될 수도 있다. 멜빌에게는 그 욕망이 소설을 쓰고 독자들에게 읽히는 것, 대중의 마음을 울릴 표현을 찾는 것이었다. 우리가 쫓는 흰 고래는 무엇일까? 우리는 무엇을 추구하며 행동할까? 무엇을 욕망하는지 말할 수 있을까? 아니 분명히 알고 있긴 할까? 우리는 의미, 이유, 꿈을 찾아 삶이라는 바다에서 헤맨다.

이러한 것이 없다면 에이해브 선장이 말한 대로 "모든 것은 무의미할 것이다. 그리고 우리가 사는 땅은 거대한 제로에 지나지 않을 것이다". 선장은 모비 딕이라는 저주스러운 향유고래에 집착했다. 동시에 그 고래는 선장이 살아가는 의미였다. 육지에서든 바다에서든 뭔가를 이루고자 하는 열정이 없다면 살아살 수 없다. 우리가 마음속으로 끈질기게 추구하는 것이 무엇인지 그 수수께끼를 밝히는 것은 우리의 몫이다. 우리가 뒤쫓는 흰 고래가 무엇인지 아는 것도 우리가 해야 한다. 이렇게 보면 모비 딕은 성배와 같다. 어마어마하고 귀한 성배. 구체적으로 무엇인지 이름은 붙이기 힘들어도 마음속 깊은 곳에서 욕망하는 것이다.

세이렌

조종하려는 사람들을
무시하는 법

월트 디즈니는 우리에게 거짓말을 했다. 월트 디즈니 이전에 동화 작가 안데르센도 우리에게 거짓말을 했다. 디즈니와 안데르센 모두《인어공주》속에 나오는 인어공주를 사랑을 위해 목숨까지 포기하며 인간 세상과 어울리려고 한 여성으로 묘사했다. 《인어공주》는《잠자는 숲속의 미녀》를 새롭게 뒤튼 것이라 할 수 있다. 매력적인 왕자의 키스를 받고 잠에서 깨어난 아름다운 공주 이야기인《잠자는 숲속의 미녀》에서 남녀의 위치가 뒤바뀐 것이 《인어공주》다. 이처럼 인어공주는 열정적인 사랑을 위해 재능과 모든 것을 포기한 로맨틱한 여주인공으로 등장한다.

그러나 인어공주의 원래 이야기는 완전히 다르다. 우선 《인어공주》의 원류가 되는 것이 그리스 신화의 '세이렌Seiren'이다. 세이렌은 시칠리아 섬 부근에 살며 반은 여인이고 반은 새의 모습을 한 괴물로 알려져 있다. 반인반어인 인어공주의 모습과는 거리가 있다. 세이렌은 꼬리와 비늘이 없는 대신 발톱과 날개가 있고, 노래를 불러 선원들을 유혹한다. 세이렌의 노래에 홀린 선원들의 배는 암초에 부딪혀 부서지고, 세이렌이 유유히 선원들을 먹어치운다는 다소 끔찍한 내용의 신화다.

살면서 한 번도 유혹을 당해보지 않은 사람이 있을까? 삶에서 유혹은 다양한 형태로 다가온다. 그리고 그 유혹에 넘어가 파멸할 수도 있는 게 인생이다. 유혹을 당할 때 우리는 아무런 의심 없이 논리적이지 않은 말에 쉽게 넘어가곤 한다. 우리는 생각보다 거짓에 쉽게 속는다. 생각을 많이 해야 하고 안정된 진실에 지루함을 느끼고, 확인하고 따지고 논리적으로 나오는 것에는 매력을 느끼지 못해서다. 신화 속 선원들처럼 지금 눈앞에서 세이렌의 감미로운 멜로디와 거짓으로 꾸민 모습을 마주한다면 속아 넘어가지 않을 재주가 있을까? 반대로 우리가 누군가를 속이는 세이렌이 될 수도 있다. 우리의 노래가 세이렌의 노래와 비슷할 수도 있다.

이건 심각한 문제가 아닌가? 전문적인 유혹자 세이렌이 어디서 왔는지 알고 있는가? 다시 그리스 신화를 보자. 제우스와 대지의 여신 데메테르 사이에서 태어난 딸 페르세포네는 어느 날 꽃밭을 거닐다 저승의 왕 하데스에게 납치를 당한다. 딸을 잃은 데메테르는 세이렌들에게 책임을 물으며 괴물로 변하게 한다. 그 일로 세이렌들은 인간 세상과 동떨어진 곳에서 살게 되고, 이후 마녀가 되어 저승의 신을 위한 노래를 부르며 인간을 죽음과 난파로 이끈다.

잘못된 것을 알아도 그대로 두고 진실보다 거짓을 선택하면 악순환만 일어난다. 그러면 우리가 사는 세상은 더욱 어두워진다. 여기에서 두려움, 대화 단절, 공격성, 원한이 자란다. 유혹하는 사람, 거짓 슬로건을 내세우는 사람, 거짓말을 계속하는 사람들이 상대방을 의존 상태로 만드는 과정이다. 여기에 걸려들면 이성적으로 생각할 수 없고, 혼란 속에서 살게 된다.

콜럼버스는 1493년 1월 8일자 항해 일지에서 현재의 아이티와 도미니카 공화국 사이에 있는 히스파니올라Hispaniola 섬에서 세 명의 세이렌과 마주쳤다고 했다. 그런데 사실 콜럼버스가 본 것은 물고기 같은 꼬리를 가진 거대한 바다 포유류인 '바다의 암소'라고 불리는 '해우'였다. 그러니까 콜럼버스는 큰 포유류 해양 동물을 세이렌 마녀라고 오해한 것이다. 한 사람의 착각이 부풀려져 진짜 이야기처럼 전해졌다.

위험은 대체로 이런 것에서 시작된다. 우리는 조용한 바다 위를 항해하고 있어도 잘못된 소리에 유혹당할 수 있다. 인정할 수밖에 없다. 진실은 실망스럽거나 거슬리고 슬플 때가 많다.

진실이 즐거움을 줄 때는 거의 없다. 진실은 할리우드 영화처럼 극적이거나 스펙터클하지 않고, 시원한 사이다 같지도 않으며 정곡만 찌른다. 좋은 말 듣기를 좋아하는 우리와는 맞지 않다. 진실은 직설적이고 솔직하며, 꾸밈도 양보도 없다. 이러한 진실 앞에서 우리는 우리 본신의 모습과 미주칠 때가 많다. 하지만 우리는 더 편하고 감미로운 것을 바란다.

거짓은 전염성이 강하다. 진실보다 여행하기를 좋아하는 거짓은 반복적으로 퍼져가며 의식과 말 속으로 스며든다. 그래서 우리는 남의 생각을 자신의 생각인 양 말하고, 시류에 맞는 것을 쉽게 믿는다. 그 과정에서 정신과 의지는 오염되고 썩는다.

그렇다면 거짓은 어떻게 알아볼까? 확신할수록 거짓일 가능성이 높다. 거짓을 말하는 사람일수록 의심하지 않고 완고하며, 의문을 품지 않고 다 아는 체하고, 언제나 이해하는 척한다. 선동된 여론은 대체로 신중하지 않으나 문제는 대세인 의견일수록 우리의 마음에 쉽게 와닿는다는 점이다. 여기서 우리가 공유하는 것은 바람이고, 퍼뜨리는 것은 가십이다.

이렇게 우리는 아무 저항 없이 대세에 떠밀려간다. 그러니 모든 것을 안다고 말하는 사람들을 경계해야 한다. 이런 사람들일수록 정보와 지식을 수동적으로 받아들일 줄만 안다. 그저 다른 사람들이 구축한 정보와 지식을 인용할 줄만 아는 팔로워 순응주의자일 뿐이다. 더구나 이들이 참고하는 정보와 지식의 대부분은 거짓 선동이 난무하는 SNS와 가짜 뉴스에서 온 것이다.

세이렌과 꾸준하고도 강하게 맞서야 한다. 율리시스가 선원들에게 귀를 막고 갑판의 승강구를 닫으라고 제안한 방법이 치료책이 될 수 있다. 선동하는 방식과 세뇌하는 의견에 휩쓸리지 말아야 한다. 율리시스처럼 단호해지는 길을 선택하면 된다. 율리시스는 선동하는 말이 난무해도 흔들리지 않고 늘 비판 정신을 유지했다. 율리시스와 마찬가지로 세이렌의 노래에 사로잡히지 않도록 배의 커다란 돛대에 우리 자신을 단단히 묶어야 한다.

다른 사람들의 이야기에 귀를 기울이고 배우는 자세도 필요하다. 그러나 그보다 자신의 중심을 지키고 담담한 태도를 가지는 것이 더 중요하다. 세이렌 마녀들과 한패가 되어 유혹의 노래를 불러서는 안 된다. 차갑더라도 진실을 중시하는 태도를 늘 지켜야 한다.

모든 삶은 흐른다.

바다처럼.

모든 삶은 흐른다 1, 2

(워터프루프북)

1판 1쇄 인쇄	2023년 7월 17일
1판 1쇄 발행	2023년 8월 1일

—

지은이	로랑스 드빌레르
옮긴이	이주영

—

펴낸이	김봉기
출판총괄	임형준
편집	안진숙, 김민정
교정교열	김민정
디자인	호우인
마케팅	선민영, 최은지

펴낸곳	FIKA[피카]
주소	서울시 서초구 서초대로 77길 55, 9층
전화	02-3476-6656
팩스	02-6203-0551
홈페이지	https://fikabook.io
이메일	book@fikabook.io
등록	2018년 7월 6일(제2018-000216호)

ISBN	979-11-90299-94-7(1권)
	979-11-90299-95-4(2권)
	979-11-90299-93-0(세트)

피카 출판사는 독자 여러분의 아이디어와 원고 투고를 기다리고 있습니다.
책으로 펴내고 싶은 아이디어나 원고가 있으신 분은 이메일 book@fikabook.io로 보내주세요.

이 책은 돌로 만들어진 '미네랄페이퍼'로 제작되어 물에 젖어
도 변형되지 않아 바닷가, 수영장, 욕조 등 어디서든 읽을 수
있습니다. 더불어 돌가루의 흰색 덕분에 일반 종이를 만들 때
거치는 표백공정을 거치지 않았으며, 폐기 후에는 다시 돌가
루로 돌아가기 때문에 환경오염을 일으키지 않습니다.

ISBN 979-11-90299-93-0 (세트)

04100

9 791190 299930

◆ 표지 이미지는 대한민국 제주도 협재 바다의 일몰입니다 ◆

삶의 지표가
필요한 당신에게
바다가 건네는 말

모든 삶은 흐른다

Petite philosophie de la Mer

로랑스 드빌레르 지음
이주영 옮김

FIKA

모든 삶은 흐른다

Petite philosophie de la Mer

WATER
PROOF
BOOK

로랑스 드빌레르 지음

이주영 옮김

FIKA

로랑스 드빌레르 Laurence Devillairs

"인생을 제대로 배우려면 바다로 가라"고 말하는 프랑스 최고의 철학과 교수. 그동안 박식하면서도 대중적인 철학 도서를 다수 집필하며, 사는 동안 누구에게나 철학이 필요하다고 이야기해왔다. 그동안 파스칼, 데카르트 등 인물 철학에 관한 도서를 집필해온 저자가 이번에는 자연이 주는 철학적인 가르침에 대해서 이야기한다.

철학을 한다는 건 삶의 문제를 치열하게 고민하는 것이다. 저자는 철학을 아는 삶이 우리를 얼마나 이롭게 하는지를 이야기하며 프랑스에서 많은 지지를 받고 있다. 이처럼 철학과 함께하는 삶의 가치를 알려온 저자는 오래전부터 바다에 남다른 관심을 가지고 있었다. 오르락내리락하는 파도와 때에 맞춰 밀려오고 물러나는 밀물과 썰물 등 바다의 생태에서 우리의 삶과 유사한 모습을 발견하면서 바다가 인생을 가장 잘 표현하는 자연이라고 생각했다.

삶이란 이미 그 자체로 가치 있다. 바다가 존재만으로 완벽한 것처럼 말이다. 때때로 고난과 역경이 삶의 전체를 휘감아도, 들뜨고 환희로 가득한 순간들도, 그 모든 순간이 인생이다. 잠시 눈 감고 싶을 만큼 힘들다고 해도 그것이 삶이 아닐 리 없다. 저자는 잠시도 쉬지 않고 물결치는 바다처럼 삶도 그렇게 물결치며 자연스럽게 흐르는 것이라고 말한다.

철학과 삶, 바다라는 테마를 한데 녹여 프랑스 현지 언론에서 극찬을 받은 이 책이 국내 독자들에게도 삶의 진정한 가치를 발견하는 데 큰 도움이 되기를 바란다.

PETITE PHILOSOPHIE DE LA MER
by Laurence Devillairs

Copyright © Editions de la Martinière, une marque de la société EDLM, Paris, 2022
Korean translation copyright © 2023 FIKA
This Korean edition published by special arrangement with EDLM in conjunction with
their duly appointed agent 2 Seas Literary Agency
and co-agent LENA Agency, Seoul
All rights reserved.

이 책을 읽으며 삶은 등산보다 항해에 가깝다는 걸 깨달았다. 산을 타다 발을 헛디뎌 넘어질 순 있지만 산이 스스로 너울거리며 나를 흔들지는 않는다. 그러나 바다는 다르다. 바다는 파도를 억지로 막거나 바꾸려 하지 않는다. "파도처럼 인생에도 게으름과 탄생, 상실과 풍요, 회의와 확신이 나름의 속도로" 밀려온다. 프랑스 철학자 드빌레르는 파도처럼 우리 삶에 다가오는 모든 것을 객관적인 눈으로 바라보라고 주문한다. 파도는 때로 내 동반자가 되어줄 수도 있으니까. 이 책은 흐르는 삶 속에서 '자기 자신'이라는 유일한 섬이 되는 길을 안내한다. 삶은 내가 내 의지대로 살아가는 게 아니라 그저 흘러가며 살아지는 것이다.

_ 최재천(이화여대 에코과학부 석좌교수, 생명다양성재단 이사장)

"바다는 우리에게 삶을 빛내는 예술을 가르친다", "삶이란 바다처럼 다양한 색을 띤다"는 저자의 생각이 바다와 연결된 여러 상징들을 통해서 아름다운 표현으로 펼쳐지는 책이다. 인생과 바다에 대해서 어쩌면 이렇게까지 깊고 넓고 새로운 통찰을 할 수 있을까? 내내 감탄하면서 책을 읽다 보면 우리도 어느새 인생철학자가 되어 또 하나의 섬이 되고, 바다가 되는 기쁨을 체험하게 된다. 이를 소중한 보물로 받아 안고 더 많은 이들과 공유하고 싫어지는 마음. 이것이 바로 이 책이 주는 또 하나의 선물이라 여겨진다. 자연과 사물, 자기 자신을 더 많이 사랑하는 법을 구체적으로 배우면서!

_ **이해인**(수녀, 시인)

30년간 마음 전문가로 살면서 이런 책이 있으면 좋겠다고 생각했던 바로 그 책이다. 마음 관리는 결국 마음과의 소통 기술이다. 우리의 마음은 '꿈' 같은 은유, 상징의 메타포 소통을 한다. 마음을 관리하는 팁이 논리적으로 정리된 내용보다 《모든 삶은 흐른다》이 책에 담긴, 바다에 마음을 너무나 잘 블랜딩하고 메타포 가득한 칵테일 한 잔에 우리의 마음은 쉼과 용기를 얻을 수 있다. 안 읽으면 마음에 손해를 볼 책이다.

_ **윤대현**(서울대병원 정신건강의학과 교수)

시간과 공간은 무한하지만, 육체를 가진 인간은 언젠가 죽음을 맞이할 수밖에 없다. 누구나 영원히 살기를 원하지만, 인생은 바닷물처럼 끊임없이 과거 속으로 흘러간다. 바다에게 거친 파도와 잔잔한 물결이 일상이듯 우리의 삶도 상승과 하강의 연속이다. 소란스러운 우리 삶의 모습은 넘실거리며 소용돌이치는 바다의 모습과 똑같다. 하지만 우리는 실패와 좌절로 굴곡 있는 인생이 무조건 나쁘지 않다는 것을 바다를 보며 배워야 한다. 저자는 풍랑과 폭풍우, 난파, 암초, 무인도, 해적과 같이 위험한 것들이 도사리고 있는 바다로 과감히 나아가라고 말한다. '인생'이라는 항해를 제대로 하려면 주저하지 말라는 것이다. 왜냐하면 바다에는 삶을 밝게 비춰줄 등대, 분주함 대신 쉼을 주는 바닷가, 고통이라는 바람에 휘청이지 않는 단단한 버팀목인 닻, 거센 파도처럼 다가오는 슬픔을 막아주는 방파제, 매혹적이고 희망신 푸른빛, 용기 있는 선원들과 같은 우리를 지켜줄 존재가 있기 때문이다. 이 책은 낯선 인생이라는 항해를 떠나는 당신에게 위로와 용기를 줄 것이다. 또한 무한 경쟁 사회에서 시첬을 때, 곧장 무한한 자유의 바다 품으로 떠나라는 소중한 교훈을 얻을 것이다.

_장재형(세렌디피티 인문학 연구소 대표,《마흔에 읽는 니체》저자)

피아니스트 조성진의 연주를 감상하며 함께 읽으면 좋은 책이다. 한마디로 '우아한 여유로움'이 무엇인지 제대로 알려주는 책이라는 말이다. 아무리 흔들려도 바다가 파도를 포기하지 않듯, 고독이라는 바람에 휘청이지 않고 단단하게 살아가는 방법을 알고 싶다면, 이 책은 당신에게 답을 줄 것이다.

_김종원(인문 교육 전문가,《하루 한 장 365 인문학 달력》저자)

광대하게 펼쳐져 있는 바다를 보면서 누구든 바다처럼 되고 싶다는 생각을 한 적이 있을 것이다. 바다는 깨끗한 것이든 더러운 것이든 모든 것을 받아들이면서도 바다로 머문다. 니체는 "초인은 바다 같은 인간"이라고 말했다. 바다는 우리를 숙연한 침묵 속에 빠뜨리면서 가르침을 건넨다. 아마도 바다는 이것 외에도 많은 가르침을 우리에게 건네고 있을 것이다. 다만 우리가 세상의 소음에 정신이 팔려서 그것들을 듣지 못하고 있을 뿐이다. 저자인 로랑스 드빌레르의 말처럼 "바다를 모르는 사람은 없지만, 제대로 아는 사람은 단 한 명도 없는 것"이다. 로랑스 드빌레르의《모든 삶은 흐른다》는 우리가 놓쳐버린 바다의 가르침들을 섬세하면서도 유려한 필치로 전하는 책이다. 이 책을 읽는 누구나 바다를 눈앞에 바라보면서 바다의 가르침을 직접 듣는 듯한 느낌을 받게 될 것이다. 책을 읽는 내내 철학서가 이렇듯 아름다울 수 있다는 데 경탄을 금할 수 없었다. '바다의 현상학'이라고 불릴만한 책이다.

_ **박찬국**(서울대 철학과 교수)

가끔 스스로 꿈 분석을 할 때면 이것은 나 자신의 모습이구나 하고 느껴지는 순간들이 있었다. 백사장 위에 서 있는 하얀 탑, 안개에 가려진 섬, 기하학적인 복잡한 해안선, 그리고 그 주변을 항해하는 배까지. 이제 와 생각하니 그 대부분이 바다와 관련된 이미지였다. 바다는 배경처럼 흐르고, 나는 그 가운데 작은 섬처럼 존재를 자리매김하고 있는 모습이었다. 《모든 삶은 흐른다》는 바다에 대한 모든 이야기, 이미지, 그리고 저자의 작은 철학적 사고들을 모은 책이다. 체계적이라기보다는 자유롭게 연상하듯 바다와 관련된 단어를 탐색하고 사고한다. 마치 자신 내면의 바다를 그리는 듯해서 지중해의 푸른빛이나 남극해의 짙은 어두움이 느껴지는 책이다. 자유로운 생각 위를 부유하며 자신의 바다에 내면의 이미지를 띄워보거나 새로운 섬을 찾아 헤엄을 치다 보면 그곳에는 저자가 이야기해주는 삶의 작은 지혜가 있다. 당신도 무사히 섬에 도착했다면 그곳에서 만난 새소리가 무척 아름답게 들릴 것이다.

_ **송형석**(정신과 의사, 《나라는 이상한 나라》 저자)

바다를 품은 엄청난 책이 왔다! 무인도의 고독, 위험한 곳의 상상력, 섬 없이 헤엄치는 상어의 영감, 인생의 맛을 더하는 바다 소금에 푹 빠져 있는데, 어느새 마지막 장. 다시 처음으로 돌아가 밑줄 박박 그으며 또 읽고 싶은 책.

_ **박산호**(번역가, 에세이스트)

'바다 청소부'라고 불린 지 벌써 몇 년이 되었다. 바다는 언제 보아노 아름답다. 눈부시게 푸른 물결, 붉은 낙조, 수많은 생명이 노니는 바닷속은 매혹적이다. 단 멀리서 볼 때만 그렇다. 가까이 가면 바다는 거칠고 위험하여 결코 쉽지 않다. 인생처럼 멀리서 보면 희극이고 가까이서 보면 비극인 셈이다. 하지만 바다는 그 자체로 여전히 눈부시다. 바다와 함께하는 게 일상인 나에게 이 책은 작은 돌을 던졌다. 마치 내가 바다에 뛰어들었을 때처럼 말이다. 이 책을 읽는 내내 나는 스스로에게 질문했다. "나는 바다와 같은 삶을 살고 있는가?" 바다에 돌을 던지면 작은 물결이 큰 파도가 되는 것처럼 이 책도 당신의 인생에 새로운 파도를 일으켜줄 것이다.

_ **박승규**(해양 청소 글로벌 단체 '고스트다이빙코리아' 대표)

저자 로랑스 드빌레르는 '인생'이라는 항해를 제대로 하려면 바다를 이해하라고 조언한다. 바다가 우리의 삶과 같기 때문이란다. 고난과 역경, 평안과 쉼, 생(生)과 사(死), 끊임없이 흐르는 바다는 우리의 삶과 같기에 그의 철학적 사유에 귀를 기울여야 한다. 오늘 어떻게 사는 게 의미 있는 삶인지 답을 찾고 싶다면《모든 삶은 흐른다》를 통해 해답을 발견하길 추천한다. 바다와 삶, 그 안에 저자의 치열하게 고민한 철학적 사유가 바다 같은 세상을 살아가고 있는 우리에게 나아갈 힌트를 제공해주기 때문이다.

_ **임재성**(작가)

삶과 철학에 관한 스물네 가지 작은 교훈으로 우리 안의 장엄하고 길들여지지 않은 것과 다시 연결된다. 바다는 생명 자체이며, 그 이상의 생명을 의미한다. 당신이 제독이든 단순한 선원이든 상관없다. 그저 존재한다는 것 그 자체로 무엇을 의미하는지 보여준다.

_ **패트리샤 마틴**Patricia Martin(작가)

로랑스 드빌레르의 철학은 우리가 제대로 살아갈 수 있게 돕고 마음을 즐겁게 해준다.

_**프레데릭 르누아르**Frédéric Lenoir(철학자, 사회학자)

이 매혹적이고 아름다운 바다의 작은 매뉴얼을 추천한다.

_ **로랑 뤼키에**Laurent Ruquier(작가, 방송인)

우리 내면의 폭풍에 대한 은유로 바다를 보여주는 책.

_ *France Inter*(프랑스 공영 방송)

우리가 무엇이든 철학할 수 있음을 보여주는 작품.

_ *France culture*(프랑스 공영 라디오)

우리의 삶은 바다에 있다

머나먼 한국의 독자들이 나의 책을 읽어준다니 남다른 기분이다. 이 책은 바다에서 항해하면서 쓴 것도 아니고, 해변에서 기나긴 여름 오후를 보낸 후에 쓴 것도 아니다. 한창 사는 것이 우울했을 때 탄생한 책이다. 살면서 위로가 가장 간절했던 시절이었다. 그때 내가 발견한 것은 바닷가, 수영, 다이빙, 배에 얽힌 기억과 이미지뿐이었다.

그리스 철학자 플라톤이 "바다가 모든 악을 씻는다"고 말했다고 주장하는 사람들이 있다. 플라톤이 실제로 그런 말을 했는지는 알 수 없지만, 어쨌든 바다는 아름답다. 바다가 위로가 된다면 그 첫 번째 이유는 바다의 극강의 아름다움 덕분이다. 바다의 아름다운 풍경 앞에서 우리는 눈을 떼지 못한 채 무미건조하면서도 답답한 근심과 동요에서 벗어나 더욱 고매한 삶을 생각하게 되기 때문이다.

인간이 무자비하게 착취하고 선을 긋고 아스팔트로 덮는 세상에서 바다는 고분고분하지 않고, 순응하지 않은 마지막 야생 지대다. 바다는 그렇게 남겨두는 편이 낫다. 지구에 바다라는 공간마저 없다면 과연 어떻게 될 것이며, 우리의 꿈과 상상력은 어떻게 되겠는가?

바다에 얽힌 기억이 돌아오면서 나는 놀라운 발견을 하게 되었다. 인간의 조건에 깃든 신비함을 밝힐 때 은유법을 사용하는 철학자들이, 특히 바다를 은유적으로 많이 사용한다는 것이다. 생각과 개념은 철학자들이 의무적으로 구사해야 하는 언어라는 것이다.

가장 중요한 순간에 이처럼 철학은 바다의 신비로움으로 생명의 신비로움을 높인다. 마치 수수께끼처럼 풀리지 않는 이 같은 신비로움 앞에 고개를 숙인 철학자가 의지할 수 있는 건 '바다'뿐인 듯하다. 바다의 존재가 우리에게 어떤 의미인지 따지는 추론과 논쟁보다 바다 그 자체가 더 많은 이야기를 들려주는 것처럼 말이다. 스토아철학의 대가 중 한 명으로 꼽히는 그리스 철학자 에픽테토스Epictetus는《대담집》에서 삶을 '바다 여행'에 비유했다.

바다 여행처럼 해보자. 내가 할 수 있는 것은 무엇인가? 배를 조종하는 사람과 선원, 여행 날짜, 적당한 때를 선택한다. 그런데 폭풍우가 찾아온다. 왜 아직도 신경을 써야 할까? 내 생각에는 모든 것이 끝났는데 말이다. 이제는 또 다른 문제인 조종사의 문제가 생긴다. 그런데 배가 침몰했다! 내가 할 수 있는 것은 무엇인가? 나는 내가 할 수 있는 것을 할 뿐이다.(《대담집》, II, 5)

에피쿠로스 학파들의 의견에 동의하지 않는 사람도 이들처럼 바다를 은유법으로 사용한다. 루크레티우스Lucretius는 《사물의 본성에 관하여》에서 "현자, 그러니까 철학자는 열정과 과잉에 휩쓸리지 않고 자신을 보호할 줄 아는 사람"이라고 했다. 마치 관객처럼 멀리서 뱃사람들이 사라지는 것을 보는 사람이다.

수아베, 마리 마그노suave, mari magno. "광활한 바다가 바람에 요동칠 때, 다른 사람의 고통을 지켜보는 것은 감미롭다." 다른 사람이 고통받는 모습을 보는 게 즐겁다는 뜻이 아니다. 어떤 악이 구원이 되는지 보는 것이 재미있다는 뜻이다. 현자의 생각으로 요새처럼 높아진 곳을 점령할 때 마음이 가장 온화해진다. 이 고요한 지역에 있으면 저 멀리 다른 사람들이 방황하며 인생길을 찾아 여기저기 돌아다니는 모습이 보인다.

인간의 가엾은 영혼이여, 맹목적인 마음이여! 얼마 남지 않은 순간을 어둠과 위험 속에서 소모하는 것이 삶 아닌가! 자연은 고통 없는 몸, 행복한 마음, 걱정과 두려움에서 자유로운 영혼 외에는 아무것도 요구하지 않는다. 이런 자연의 외침이 어떻게 들리지 않을 수 있을까?(《사물의 본성에 관하여》, II, 1~19).

바다라는 이미지를 사용하지 않으면 지혜를 정의할 수 없는 현자? 배를 타는 항해와 비교해야만 삶의 의미를 정의할 수 있는 현자? 철학자들이여, 당신의 철학은 어디에 있는가? 현자들이여, 사용할 수 있는 말이 부족한가?

지중해 연안, 그리스 혹은 로마 제국에서 탄생한 철학의 고유한 특징이 여기에 있다고 생각할 수 있다. 하지만 이로부터 몇 세기가 지난 후 프랑스 철학자 데카르트가 한 것은 무엇일까? 데카르트는 모든 진실을 찾아내는 일을 '익사'라고 표현했다.

어제 명상을 했으나 내 마음은 너무나 많은 의심으로 가득했다. 이제는 그 많은 의심을 잊을 수 있는 힘이 없다. 이 문제를 어떻게 해결할 수 있을지 모르겠다. 갑자기 깊은 물에 빠진 것처럼 너무 놀란 나머지 바닥에 발을 디딜 수도, 헤엄을 칠 수도 없어서 물 위로 올라갈 수 없는 상태다.

데카르트도 평소의 데카르트와 달리 합리적이지 못했을 수 있다. 데카르트도 아무것도 확실하지 않아 땅이 꺼질 것 같은 상황에서는 익사한 것처럼 그대로 있었을 수 있다. 우리는 이런 사실을 잊는다. 위에 인용한 구절은 데카르트가 그 유명한 '코기토 에르고 숨(cogito ergo sum, "나는 생각한다. 고로 존재한다"의 구절을 줄인 표현 — 옮긴이)'을 발견하기 전에 쓴 것이다. 즉, 우리가 생각하기 때문에, 생각하는 의식이 있기 때문에 존재한다는 확신이다. 따라서 데카르트는 합리적으로 수영하는 사람처럼 호흡을 되찾고 바닥에 발을 단단하게 디뎠다.

데카르트와 동시대를 산 프랑스 철학자 파스칼은 좀 더 극적으로 나왔다. 파스칼은 인간의 상태를 끝과 구원이 없는 끔찍한 무인도에 난파된 상태, 의미와 기준이 상실된 상태로 묘사했다.

인간의 맹목적이고 비참한 상태를 보면서, 침묵하는 모든 우주와 빛이 없는 인간을 바라보면서, 나는 마치 우주의 한구석에 방황하는 것처럼 두려움에 사로잡힌다. 마치 끔찍한 무인도 안에서 잠들었다가 잠에서 깨어나도 무인도에서 빠져나갈 길을 모르는 사람처럼 두렵다. 인간은 이러한 비참한 상태에 놓였는데 어떻게 우리는 이에 절망하지 않는지 감탄마저 든다.(《팡세》)

에픽테토스에서 파스칼까지, 그리스에서 17세기 프랑스까지, 철학은 삶을 이야기할 능력이 없다고 말한다. 삶을 이야기하려면 철학 자체, 개념적인 언어는 포기하고 바다를 은유법으로 사용해야만 가능했던 것 같다. 우리라는 존재의 수수께끼를 풀고 싶다면, 바다 앞에 서기를 바란다. 파도의 리듬에 맞출 때, 파도의 움직임과 빛이 보여주는 놀라운 아름다움 속에 있을 때, 산다는 것과 충만함이 무엇인지 대략 보일 것이다. 이 책을 통해 내가 보여주고 싶었던 것도, 바로 그것이다. 부디 한국 독자들에게 나의 메시지가 고스란히 전달되기를 바란다.

바다 건너 프랑스에서
로랑스 드빌레르가

vague

곡예와 같은
삶을
지나다

marée haute

저 멀리
삶이
밀려오다

marée basse

삶으로부터
잠시
물러나다

삶이라는 바다 한가운데에서

그 어떤 폭풍우가 몰아치더라도

육지에 다다를 때까지는

절대 포기하지 마라.

곡예와 같은
삶을
지나다

바다는 인생이다.

파도처럼 넘실거리고 소용돌이치며

밀물과 썰물처럼 오르락내리락하지만,

곧 잔잔하게 빛을 담아 환하게 빛나는 것.

우리의 삶도 그렇게 소란하게 흐른다.

바다

무 한 으 로
이 어 지 는 인 생

"아! 장거리 경주를 위해 신나게 출발하는 선원과 선장이 저렇게나 많다
니…"

_빅토르 위고Victor Hugo,〈오세아노 녹스Oceano Nox〉중

넓고 깊은 바다를 대양이라고 부르고, 우리는 때때로 그
곳으로 떠나기를 꿈꾼다. 대양으로 가고자 할 때 우리는 그야말로
커다란 결심을 해야 하고, 새롭게 시작될 뭔가를 찾아 그곳으로
출발한다. 단순히 현재 살고 있는 땅을 떠나는 것이 아니다. 현재
소유하고 있는 것을 내려놓고 익숙한 모든 것을 떠나 저 멀리 넓
은 세상으로 향하는 출발이다.

바다에서 하는 모험만큼 아름답고 짜릿한 모험이 있을
까? 현실에 맞닿아 있는 것들과 나의 일상을 채우는 것, 현재 있는

곳에서 떠나지 못하게 방해하는 모든 장애물을 과감히 뒤로하고 영화의 한 장면처럼 멋지게 돛을 올려 드넓은 바다로 나가는 것을 상상해보자. 살면서 한 번쯤은 상상해봤을 법한 모험이다. 그래서 우리는 삶이 지리멸렬하게 느껴질 때 바다를 보고 싶고, 어디로든 자유롭게 떠나고 싶다는 마음이 강하게 요동친다.

우리는 무엇으로부터 자유로워지고 싶은 것일까? 우리는 때때로 관성과 매너리즘의 연속인 지루하고 평범한 일상에서 벗어나 자유로이 훨훨 날고 싶다. 바다는 일상에 치여 잠시 잊고 살았던 더 넓은 세상을 우리에게 보여준다. 두 발이 서 있는 이곳이 세상의 전부가 아니라고 우리의 마음에 바람을 잔뜩 불어넣는다.

바다는 우리에게 소극적인 태도와 좁은 시각에 안주하지 말라고 속삭이고, 저 멀리 있는 세상의 이야기를 몸소 들려주면서 어디든 좋으니 훌쩍 떠나보라고 말한다. 어깨에 무겁게 올려진 짐을 잠시 내려놓고 가볍게 발걸음을 내디디라고 재촉하기도 한다. 걷는 것조차 버거울 땐 자신에게 우리를 모두 내맡겨도 좋다고 허락한다.

그렇게 바다는 우리에게 끊임없이 광활한 세계를 선택하고, 끝없이 펼쳐진 것을 좋아하라고 말한다. 그리고 언제나 용기와 도전정신을 불어넣는다. "떠나! 저곳으로! 멀리! 새로운 세계를 경험하고 미지의 세계를 탐험해야지!"

바다는 자신의 모든 걸 내어주고 포용할 것처럼 보이지만 비밀이 가득하다. 그래서 바다는 언제나 탐구 대상이다. 알 듯 말 듯 하지만 끝을 알 수 없는 깊은 바다에는 눈에 보이지 않는 또 다른 세상이 있고, 항상 변하고 쉴 새 없이 일렁이는 파도는 손으로 잡을 수조차 없다. 때문에 바다를 모르는 사람은 없지만, 제대로 아는 사람은 단 한 명도 없다.

바다는 누구에게도 소유되지 않고 지배당하지 않는다. 늘 움직이고 변화하기에 단조로움과는 거리가 멀고, 길들일 수 없기에 그 누구도 바다에서 안정적으로 지내고 있다고 말할 수도 없다. 바다가 그렇게 놔두지 않기 때문이다. 이것이 바로 우리가 바다 앞에서 무력해지는 이유다.

흔히 자연은 경이롭다고 말한다. 인간이 담아낼 수 없고 담고자 해서도 안 된다고. 좁은 수영장에 튜브를 띄워놓았다고 가정해보자. 고작 내 몸의 서너 배쯤밖에 되지 않는 물 위에서도 우리는 갈피를 잡지 못하고, 원하는 방향으로 나아가기가 어렵다. 좁디좁은 곳에서도 그러한데 넓은 바다 위에 몸을 뉘였다면? 나의 의지는 무의미하다. 그저 물결이 이끄는 대로 밀려오고 쓸려가고, 물결이 정한 법칙을 그저 따를 수밖에 없다. 이러니 우리는 바다에 있을 때 겸손해질 수밖에 없다.

바다 위에 있으면 우리는 한없이 작아진다. 압도적으로 아름답고 강한 바다에게 우리는 그저 끌려갈 뿐이다. 그런 바다와 함께하면 힘들 때도 있지만 배우는 게 더 많다. 바다에 있으면 인간이라도 모든 것을 지배할 수 없고, 모든 것을 계획한 대로 할 수 없다는 교훈을 배운다.

인생도 마찬가지다. 살다 보면 생각지도 못한 일과 마주할 때가 많고, 아무리 노력해도 해결되지 않고 이해가 안 되는 부분이 있다. 하지만 분명 설레는 순간도 있다. 그러니 즉흥적이지 않고 최대한 품위와 자신감을 유지하며 늘 낙천적으로 살아가는 편이 좋지 않을까?

바다에는 풍랑과 폭풍, 암초와 난파, 거친 파도가 있다. 바다는 거품이 이는 높은 파도로 분노를 표현한다. 바다에게 우리는 그저 작은 장난감에 지나지 않는다. 마치 꼭두각시처럼 우리를 조종하며 즐기는 것 또한 바다. 바다 한가운데에 있는 인간은 변덕스러운 파도와 해양풍 앞에서 너무나 나약한 존재다. 그렇지만 바다는 우리를 지켜주는 마지막 방패막이자 외투이기도 하다. 지구의 70퍼센트를 차지하는 바다가 굴복당하면 지구는 맨몸으로 거친 세상에 휩쓸릴 수밖에 없다. 우리는 지구에 초대받은 손님에 불과하니 자연과 바다에서 겸손함을 배워야 한다.

동시에 바다는 태양과 바캉스, 조개와 갑각류, 멋진 해변의 이미지와 연결되기도 한다. 휴가지를 정할 때 가장 인기 있는 여행지이자 자유와 휴식을 떠올리면 달려가고 싶은 곳이다. 누군가는 두려움 없이 바다에 맨몸을 던지고, 바닷바람에 온몸을 맡긴다. 잔잔한 곳에서는 미역을 감거나 개헤엄을 치고 몸을 가볍게 풀면서 중력을 비웃듯 놀이를 한다. 바다에 있으면 마치 미끄럼틀을 타는 것처럼 부드럽고 유연하게 나아가고, 살짝 밀려오는 파도 사이로 감겨 들어갈 때는 새로운 세계에 빠지는 것처럼 설레기도 한다. 그럴 때면 코와 입으로 들어오는 짠 바닷물도 흥분을 증폭시키는 자극제처럼 느껴진다.

바다는 인생이다. 그것도 무한으로 이어지는 인생. 누구에게나 삶은 유한하게 단 한 번이지만, 영원히 마르지 않고 사라지지 않을 바다를 보고 있으면 우리의 삶도 바다처럼 끊임없이 이어지는 게 아닐까 착각하게 된다.

더불어 바다는 인생의 방향을 상징한다. 해군 제독이든 평범한 선원이든 바다 앞에서는 똑같은 인간이며, 바다는 누구에게나 인생의 의미를 들려준다. 들을 준비만 되어 있다면 바다에게서 인생 철학과 삶에 필요한 교훈, 조언을 끝도 없이 들을 수 있다.

쉬지 않고 늘 움직이는 바다를 통해 우리는 매일의 인생 여행을 떠올려본다. 바다는 같은 모습인 적이 없다. 그런 바다를 통해 우리는 굴곡 있는 인생이 무조건 나쁜 것도, 좋은 것도 아니라는 걸 다시금 떠올린다. 바다에게 거친 파도와 잔잔한 물결이 일상이고 필요한 것처럼 우리의 삶도 그러하다.

변신하는 예술이자 새로운 시작의 가능성, 예상치 못한 자원, 그리고 여름의 빛을 상징하는 바다는 자신을 그대로 내보이며 우리에게 두려움을 이기고 과감히 나아가라고 말한다. 파도를 헤치고 앞을 똑바로 보고 전진하라고, 운명의 주인이 되어 생각의 방향을 스스로 조종하는 선장이 되라고 말이다.

인생은 멀리 떠나는 항해와 같다.

길다면 길고 짧다면 짧은

'인생'이라는 항해를 제대로 하려면

주저하지 말아야 한다.

바다와 대양

인 위 적 인
라 벨 거 부 하 기

~~~~~~
~~~~~~
~~~~~~

흔히 대양을 가리켜 '바다'라고 한다. 그런데 이렇게 말하면 바다와 대양은 엄연히 다르다고 꼬치꼬치 따지는 사람들이 있다. 사실 바다든 대양이든 바람이 닿고 파도가 치는 것은 크게 다르지 않다. 하지만 따지기 좋아하는 사람들은 바다와 대양이 완전히 다르다고 우기곤 한다. 이렇게 따지고 나오는 사람들에게 이런 이야기를 들려주고 싶다. 항해사 마젤란보다 먼저 배를 타고 세계 일주를 한 사람이 있다는 걸 아는가? 16세기를 살았던 그는 바다와 대양을 구분하지 않았다. 그러니 이 논란은 여기서 종료!

하지만 모든 바다와 대양이 무조건 똑같다고 주장하기도 힘들다. 예를 들어, 대륙에 접해 있는 거대한 대양은 '태평양', '대서양', '인도양', '남대양', '북극해'라는 이름이 붙어 있다. '바다'라는 용어는 지중해와 그 주변 지역에 사용된다. 흑해, 에게 해, 아드리아 해, 티레니아 해, 트라키아 해, 크레테 해 등이 대표적이다. 여기에 카리브 해, 영국 해협, 물은 더 차갑지만 푸른빛은 상대적으로 약한 홍해, 스코틀랜드 해, 아라비아 해, 동해도 바다라고 불린다.

이름만 들어도 모험, 포효와 비명[*], 북서항로[**], 패배를 잊게 하는 희망봉을 꿈꾸게 하는 존재들이다. 지구에 흐르는 수백 개의 바다와 대양은 정맥과 동맥에 흐르는 피 같다. 물의 순환은 혈액순환만큼이나 중요하다. 대륙이라도 그저 바다 위에 솟아 있는 섬처럼 보인다. 우리가 살고 있는 나라들은 파도가 일렁이는 바다 안에 있는 섬에 불과하다.

따지기 좋아하는 사람들은 쉽게 받아들이지 않는다. 이들은 바다와 대양의 차이를 이렇게 설명할 것이다. 바다는 물로 이루어진 교차로가 되어 교역의 길을 열지만, 대양은 너무 크고 넓어서 오히려 인간과 대륙을 나눈다고 말이다.

고대 로마인들은 지중해를 가리켜 '우리의 바다'라는 뜻으로 '마레 노스트럼Mare Nostrum'이라 불렀다. 지중해는 고대 로

---

[*] '40번째 포효하는 소리', '50번째 비명 소리', '60번째 부서지는 소리'는 남극 부근 남대양에 부는 무시무시한 바람을 일컫는다. 여기서 40, 50, 60 같은 숫자는 남반구 내에서 바람의 범위를 제한하는 표시다. 가장 강한 선원들은 혼곶Cape Horn을 통과해 이러한 강풍을 물리치는 영광을 누린다.

[**] 북서항로는 북대서양을 거쳐 태평양과 아시아에 이르는 많은 탐험에서 선택하는 방향이었다.

마의 영토를 잇는 것처럼 정복한 세상의 심장에 해당되었고, 무역과 탐험, 전쟁의 출발점이기도 했다. 최근 수년 동안 바다는 수천 명의 이민자들이 탄 배가 난파하는 곳이기도 했다.

사실 대양과 바다는 중요한 차이점이 있다. 바다는 대양처럼 무한하게 펼쳐져 있지 않다는 것이다. 가장 큰 바다라고 알려진 아라비아 해 혹은 오만 해는 면적이 약 400만 제곱킬로미터인 반면, 가장 작은 대양이라고 알려진 북극해는 면적이 1,400만 제곱킬로미터나 된다.

또한 바다는 끝이 있지만 대양은 끝이 없다. 바다는 나름의 모양과 범위가 있지만, 솟아오른 땅은 전부 끌어안은 듯 보이는 대양은 정해진 모양과 범위가 없다. 대양에 극도의 광활함이 있다면 바다에는 뚜렷한 경계가 있다고나 할까? 이처럼 바다와 대양은 나름 구분되어 있다.

우리 인간도 라벨을 붙여 카테고리별로 분류해야 할까? 우리에게 선택을 강요하는 라벨, 조바심, 침묵, 집착 혹은 충동을 부추기는 라벨이 좋을까? 우리 스스로가 생각하듯 인간은 자신에게 붙여진 라벨대로 살아가는 수동적인 존재일까? 우리 인간도 수집 대상이 되어 핀으로 고정된 나비들처럼 운명이니까 이대로 살아야 한다고 받아들여야 할까? '줄리앙? 패배주의자', '플로랑스? 너무 예민한 성격' 등등 특정 라벨을 붙이고, 인간을 하나의 기준으로 분류해 상품처럼 '마케팅'할 권리가 있을까?

그렇지 않다. 우리는 라벨과 분류에 저항해야 한다. 서로 솔직히 말하고, 다른 사람들에게도 전달해야 할 메시지가 있다. 어떤 인간도 항상 똑같은 모습으로 있지 않고 성향도 평생 똑같지 않다. 우리 인간은 상품처럼 하나의 특징만 갖고 있지 않고 살아 있는 영혼으로서 항상 움직이고 변하는 존재다. 그리하여 스스로 자신을 가두는 고정된 이미지를 벗어나 상상보다 훨씬 대단한 존재가 될 수 있다. 우리에게는 우리 자신도 미처 모르는 모습이 있고, 다른 사람들에게 비친 고정된 이미지에서 벗어날 수 있는 힘이 있다.

우리는 단순하게 '착한 사람', '나쁜 사람', '무난한 사람', '까다로운 사람'처럼 단 하나의 기준으로 단정지어 분류할 수 없다. 이러한 분류를 '단순한 표준화'라고 한다. 자유는 단순한 표준화에서 스스로 벗어날 때 시작된다.

바다가 대양보다 염분이 많고 깊지 않다고 말하는 사람들도 있다. 실제로 지중해의 깊이는 5,500미터다. 깊이 8,500미터를 자랑하는 대서양, 깊이 1만 1,000미터의 태평양 속 마리아나 해구와는 비교가 되지 않을 정도다. 참고로 마리아나 해구는 바닷속 에베레스트로 불린다. 이처럼 바다는 대양에 비해 경계가 예상 가능하다. 바다를 생각하면 태양빛, 조용한 호흡, 잔잔한 물결이 떠올라 미소가 지어진다. 하지만 대양은 부드러운 애무 같은 물결과 무섭게 때리는 따귀 같은 물결로 늘 긴장감을 불러일으킨다. 평화로운 바다와 성난 대양이라고 해야 할까? 정말 그럴까?

이분법적 이미지는 덫이 될 수 있다. 바다가 조용해 보이니까 경계를 푸는 것이다. 바다가 편하고 포근하고 파란색이어서 수영장과 비슷할 것이라고 멋대로 오해한다. 그렇게 우리는 바다에게 속고 바다를 믿는다. 하지만 바다는 변화의 신이다. 바다만큼 변화무쌍한 자연도 없다.

바다는 밝고 소리 없는 아침, 파도와 시끄러운 소리가 있는 오후로 항상 놀라움을 안겨준다. 특히 지중해의 폭풍우는 공포스럽기까지 하다. 분노에 차고 복수를 갈망하는 이가 감정을 표출하는 듯 갑자기 모습을 바꾼 바다를 보고 있으면 당장 어딘가로 숨어야겠다는 생각이 절로 든다. 바다는 때때로 우리의 예상과 아주 다른 모습을 보인다.

하지만 대양은 솔직하다. 대양은 자신의 패를 숨기지 않는다. 대양은 소용돌이를 그리며 위험하니 다가오지 말라고 대놓고 경고한다. 대양은 마치 똑딱거리는 지구의 거대한 시계처럼 물결로 갔다가 돌아오는 것을 표현한다.

이처럼 바다는 절대 믿으면 안 된다. 바다는 여러 얼굴을 보이며 모든 해안선을 속여 유혹하고, 신비감을 주기 위해서라면

할 수 있는 언어를 모두 구사하여 우리를 홀린다. 산다는 것도 어쩌면 이와 같지 않을까? 제법 오래 살아도 우리는 인생에 라벨을 붙이기가 어렵다. 누구에게나 다른 모습을 보여주기 때문이다. 누군가에게는 꿈같고, 또 다른 누군가에게는 지옥 같은 게 우리네 삶이다. 인생처럼 바다도 그 참모습을 알 수 없다. 바다는 기름 같은 존재인지, 거품 같은 존재인지 알 수가 없다.

　　　　바다와 대양은 우리에게 우리가 알고 있는 모습을 그대로 믿지 말라고 조언한다. 그리고 우리도 인생도 우리가 생각하는 것과는 다른 모습을 지녔을 수 있다. 그렇기에 다른 사람들도, 우리 자신도, 우리가 걸어온 역사도, 우리가 겪은 고통도 절대로 하나의 정체성으로 분류할 수 없다.

밀물과 썰물

올 라 가 면
내 려 갈 때 도 있 는 법

~~~~~~~
~~~~~~~
~~~~~~~

　　바다와 달리 대양은 뒤로 물러나지도 밀려오지도 않는
다. 대양에는 밀물과 썰물이 없다. 반면에 바다에는 낮과 밤에 각
각 두 번의 밀물과 썰물이 있다. 이런 생각이 들 때가 있다. 바다는
썰물 현상으로 뒤로 물러날 때 어디로 향할까? 밀물 현상으로 앞
으로 밀려올 때 어디에서 어디로 힘차게 향할까? 아무리 생각해
봐도 여전히 모르는 것투성이다.

　　밀물과 썰물은 해양학과 천문학이 뒤섞인 복잡한 현상
이다. 땅과 하늘, 천체와 조수潮水가 서로 끌어당기는 놀이를 할 때
이 현상이 생긴다. 그저 원래 그렇게 타고나서 자기 혼자 물러나
고 밀려오는 것 같지만 결코 그렇지 않다. 물러나고 밀려오려면
모든 조건이 다 갖춰져야 한다.

　　달은 지구와 바다를 끌어당긴다. 중력과 천체의 힘이 작

용해 생기는 현상이 밀물과 썰물이다. 자연현상이지만 밀물과 썰물은 마치 대양이 원래 태어난 높은 하늘로 돌아가는 것처럼 대단하게 보인다. 그렇게 만난 대양과 하늘은 서로 포옹하는 것처럼 보이기도 한다.

파도가 달 가까이 가면 조수가 높아진다. 반대로 파도가 달이 끌어당기는 힘에 이끌리지 않으면 조수는 낮아진다. 매일 똑같아 보이지만 밀물과 썰물의 양도, 생김새도 아주 다르다.

태양도 대양의 움직임을 조정한다. 그리고 이번에는 지구가 자신만의 왈츠를 추기 시작한다. 바로 지구만의 뚝심 있는 일상, 바로 자전운동이다. 지구는 자전운동을 하면서 대양의 밀물과 썰물을 끊임없이 만들어낸다.

물, 땅, 공기, 불 등이 이루어지는 이 끝없는 대화에 빠질 수 없는 녀석이 하나 더 있다. 바로 바람이다. 공기처럼 눈에 보이지 않지만, 공기와 다르게 물성을 가진 것을 통해 자신의 존재감을 드러내는 놈이다. 바람은 언제 어디서나 끼어든다.

대양은 밀물과 썰물 사이*에서 자신만의 시간과 리듬을 가진다. 파도가 저 멀리 물러나는 걸 보고 있으면 왠지 이 파도는

---

* 밀물과 썰물 간의 높이 차이를 '조차'라고 부르며, 프랑스 몽생미셸Mont-Saint-Michel의 조차는 무려 15미터다.

다시 오지 않을 것 같다는 생각이 든다. 그러면서 안심하다가 예상보다 더 깊게 파도가 밀려오는 걸 보면 놀랍다. 물러날 때는 사라졌다고 생각했는데… 이것이 밀물과 썰물이 계속해서 벌이는 놀이다.

우리 삶에도 영원히 사라지는 것은 없다. 하지만 우리는 바다와는 다른 리듬으로 살아간다. 한 번 삐끗하면 쉽게 돌이킬 수 없는 리듬이다. 파도가 왔다 갔다 하는 모습을 보면 파도가 전하는 진실에 귀를 기울일 수 있다. 자신의 마음속에서 새롭게 도약하는 힘, 회복할 에너지를 찾을 수 있다는 진실이다. 회복은 우리가 가진 것을 전부 비울 수 있는 능력이다. 왠지 어려워 보여도 그래야 한다.

파도처럼 인생에도 게으름과 새로운 탄생, 상실과 풍요, 회의와 확신이 나름의 속도로 온다. 프랑스의 오트코르스Haute-Corse 주에 있는 바다를 통해 배울 수 있는 교훈이다. 하지만 사실 우리는 파도를 모른다.

살다 보면 받기도 하고 거부도 당하며, 얻는 것이 있으면 잃는 것도 있다. 가끔은 회복이 되기도 한다. 삶이란 항상 불안하고, 고난과 역경을 피하지 못하면 괴롭다. 하지만 산다는 건 바로 그런 거다. 물러나고 밀려오는 파도와 같은 인생의 시간을 미리 알고 싶을 때도 있다. 미리 안다면 덜 고통받을 거라 자부하면서 말이다. 하지만 정말 그럴까?

풍요로운 시기와 궁핍한 시기가 있다. 이런 변화를 어떻게 극복하면 될까? 방법은 간단하다. 파도와 같은 삶을 바란다면, 파도처럼 살아가면 그뿐이다. 파도는 물러나고 밀려오는 것에 개의치 않는다. 산다는 건 그냥 그런 끼니끼. 파두처럼 살고자 한다면, 우리 삶에 다가오는 모든 것을 객관적인 눈으로 보자. 지금 이것이 흐르는 물인지 고인 물인지, 밀물인지 썰물인지 미리 알 필요는 없다. 그저 오는 것을 있는 그대로 받아들이자.

바다는 파도가 오지 않도록 억지로 막거나 무리하지 않는다. 바꿀 수 없는 것을 바꾸려 하지 않는다. 그냥 다가오는 것을 그대로 받아들인다. 수많은 연주자는 실제로 교향곡을 작곡한 적이 없어도 자기만의 곡으로 연주하려고 최선을 다한다. 파도의 주인이 아니면 어떤가. 파도를 지배하는 주인은 아니어도 당당히 항해할 수 있다.

바다에 밀물과 썰물이 있듯 인생에도 올라갈 때가 있고 내려갈 때가 있다. 그 움직임을 거스르기보다는 곁에서 함께 움직이는 편이 낫다. 노련한 바닷사람처럼 바람에 정면으로 맞서기보다 바람을 역이용할 줄 알아야 한다.

마지막으로 바다는 우리에게 또 다른 경험을 안겨준다. 바다는 우리에게 세상의 흐름에 자신을 맞추는 일을 멈추고 자신의 숨소리를 들어보라고 한다. 물결의 흐름으로 표현되는 바다의 숨소리는 마치 바다의 시계처럼 보인다. 그저 속절없이 흘러가는 것이 아니라 영원히 계속되는 것을 알리는 바다의 시계 말이다. 그것으로 바다는 우리에게 영원함이 존재한다고 말한다. 그러니 고난과 역경이 와도 지치지 말고 계속 너울거리는 물결에 몸을 맡기라고 조언한다. 그러면 영원함의 리듬을 느낄 수 있다는 말과 함께.

바다의 시간은 시간표와 계획표에서처럼 빡빡하게 쪼개지는 시간은 아니다. 그저 계속해서 다시 시작되는 시간이다. 잠시 그대로 더 있어보자. 여유 있는 물결처럼 숨을 고르자. 지금 이 시간, 오후 4시 15분이 영원처럼 느껴질 수 있다. 그러면 서서히 느껴지는 또 다른 감각을 알아차릴 수 있다. 바로 마음속에 자리 잡은 감각이다. 바다의 물결이 일렁이는 리듬, 그리고 바다의 아름다움 앞에서 느껴지는 가슴 뛰는 흥분이다.

가슴을 부풀려 차분하면서도 깊게 숨을 들이쉬자. 마음이 평온해지면서 긴장이 풀리고 답답했던 기분이 가라앉는다. 인생이 풍요롭고 충만하다는 느낌에 마음이 부자가 된 듯하고, 두 팔을 벌려 세상을 껴안고 싶다는 생각이 든다.

바다는 가슴을 채우고 마음을 평온하게 해주는 편안한 호흡과 같다. 그 호흡을 가만히 따라 가면 갑자기 몸이 수평으로 길게 뻗어 붕 뜬 것 같았다가 곧 수직으로 봉긋하게 솟는 느낌이 든다. 마치 교회의 높은 천장, 소프라노의 아리아, 서프라이즈 감동으로 느끼는 기분처럼 말이다. 동시에 우리의 근심과 욕심도 점점 아래로 내려와 땅에 닿는 걸 느낄 수 있다. 그때 바다는 우리에게 더 높게, 더 넓게 보라고 이야기한다. 그렇다고 해서 대책 없이 허황된 크고 강한 것만 추구하라는 뜻이 아니다. 그보다는 섬세한 감정을 기르라는 뜻이다. 우리의 마음 어딘가는 원대한 것을 목표로 삼는다. 바다가 지닌 풍요로움에 감동하며 바다와 함께 숨 쉬는 법을 배우면서 이룰 수 있는 목표다.

무인도

진정한 고독이란
무엇인가

여기 남 부러울 것 없는 가정에서 자란 영국인 청년이 있다. 요크셔Yorkshire에서 부유한 상인의 아들로 태어난 이 청년은 누구나 한 번쯤은 경험하는 반항심에 어느 상선에 무작정 올라탄다. 낭만을 알고 기분파인 그의 이름은 로빈슨이다.

오직 바다의 법칙만 존재하는 곳에서 로빈슨은 자유를 느낀다. 로빈슨은 브라질에서 농장 일을 하며 살아가다 얼마 되지 않아 아프리카로 향하는 배에 다시 올라탄다. 그런데 이번에는 배가 앤틸리스 제도Antilles의 망망대해에서 난파하고 만다. 맨몸으로 혼자 살아남은 로빈슨은 무인도에서 28년 하고도 2개월 19일을 살게 된다. 로빈슨은 그 무인도를 '절망의 섬'이라 부른다. 대니얼 디포Daniel Defoe의 소설《로빈슨 크루소》이야기다.

작가가 알렉산더 셀커크Alexander Selkirk라는 사람의 이야기에서 영감을 받아 지은 이 소설은 완전한 허구는 아니다. '5개의 항구'라는 뜻을 가진 '생크 포르Cinque Ports 호'에 탄 수석 선원 알렉산더 셀커크는 반항적인 인물이었다. 배가 좌초되자 그는 현무암으로 둘러싸인 섬에 내렸다. 칠레 해변 쪽 태평양 한가운데에 있으니, 훗날은 '로빈슨 그루쇼이 섬'이라고 불리는 섬 '마스아티에라Más a Tierra'였다.

알렉산더 셀커크는 이 섬에서 4년 이상을 살게 되었다. 수중에 있는 생존 도구로는 총알, 탄약, 부싯돌, 담배, 작은 도끼, 칼, 주전자, 측정 도구, 성경, 찬송가 악보집이 전부였다. 만일 21세기에 난파선에서 살아남은 사람이 있다면 최소 생활에 필요한 것은 무엇일까? 스마트폰, 전자레인지, 아이패드, 로그인된 넷플릭스 정도일까?

셀커크는 시간이 지나자 모국어를 완전히 잊게 되었다. 단어의 의미까지 모두 잊어버리고 만 것이다. 절망적이어도 삶은 쉽게 끝나지 않았다. 뜻밖에도 셀커크의 생명을 구한 것은 염소들이었다. 그는 염소들에게서 고기, 옷, 기름을 얻었고, 새끼 염소들과 춤까지 추었다. 마치 동화의 한 장면처럼 셀커크가 길들인 들고양이들이 그 공연의 관객이 되었다. 이후 셀커크가 문명 세계로 돌아왔을 때, 그는 무인도 생활이 너무나도 행복했다고 했다.

디포의 소설은 1719년 런던에서 출간되었다. 작가 디포의 이름은 나오지 않은 채 소설이 먼저 발표되었는데, 출간되자마자 이 소설의 인기는 대단했다. 이 가공의 무인도 생활 이야기를 사려고 사람들이 구름떼처럼 모여들었다. 이렇게 베스트셀러가 탄생했다. 소설 속 주인공 로빈슨은 신화가 되었다.

사람들은 소설을 보고 무인도 생활에 대해 저마다 로망을 가졌다. 하지만 사람들이 생각하는 것처럼 무인도 생활은 낭만적이지 않다. 섬에 홀로 남아 여유롭게 몽상을 하며 아름다운 별을 보다 잠들고 열대과일을 먹으며 사는 모습을 생각하면 안 된다. 마스아티에라 섬을 리조트처럼 생각해서는 안 된다. 현실은 들리는 것보다 더 현실적이다.

로빈슨은 바다에 있는 것도, 육지에 있는 것도 아니었다. 필요한 것이 있으면 직접 기르고 지어야 했다. 그리고 무엇보다 로빈슨이 해야 할 일은 '잃어버린 것'을 새롭게 만들어가는 것이었다. 그가 잃은 것은 무엇일까? 단순히 언어를 잃고, 뜻을 잊은 것이 아니었다. 그는 나라, 사회, 문화를 잃었다. 그리고 깨어 있는 매 시간 노동을 해야 했고, 비어 있는 것을 채우는 게 하루하루의 중요한 일과였다.

비어 있다는 것은 '야생'과 동의어다. 그래서 로빈슨은 일하지 않는 시간에는 성경을 읽었다. 로빈슨에게는 신조가 있었다. '신은 오직 한 분이다', '사유재산은 노동과 땀의 결과물이라

성스럽다', '자연은 개발의 대상이다', '게으름과 말초적인 쾌락에 몸을 맡기지 않는다' 등등.

하지만 우리는 로빈슨의 모험 이야기를 보며 완전히 다른 것을 상상한다. 되찾은 에덴동산 같은 무인도에서 누릴 수 있는 즐거움을 꿈꾸는 것이다, 구속이나 의무도 없이 바다와 하늘, 소금과 모래를 벗 삼아 사는 지극히 여유로운 생활이다. 야생의 자연은 어디에서 찾을 수 있을까? 관광이 자연을 빼앗아간 지금, 낙원은 어디에서 만날 수 있을까? 현재의 우리는 남들이 가는 관광지나 장소에 가고, 모두 똑같은 곳을 여행한다. 지구는 거대한 놀이공원, 파괴적인 관광산업의 먹잇감이 되었다.

더 이상 자연을 그대로 보존한 곳은 없다. 자연 풍경은 모두 획일화되고 오염되었다. 새로운 로빈슨이 있다면 아마도 환경운동가가 되거나 미니멀리스트가 되거나 세상의 종말을 예언하는 사람이 될 것이다. 소설은 미국 드라마 〈로스트Lost〉 속 무인도 생활과도 완전히 다르다. 이 드라마 속 등장인물들은 무인도에서도 자신만의 운명을 개척하면서 유쾌하고 도전적인 분위기를 만들어가는 반면, 디포의 소설 속 주인공은 무인도에 정착한 후 죽어라고 일만 한다. 마치 현재의 우리 모습을 비추는 슬픈 자화상처럼 보인다.

하지만 여전히 우리는 로빈슨의 이야기에서 무인도에 있

고 싶은 욕망, 일에 시달리지 않고 혼자서 여유롭게 사는 삶을 꿈꾼다. 해야 할 일, 정리하고 체크해야 할 일, 꼭 가봐야 할 곳 등이 널린 바쁜 삶에서 벗어나 홀로 하고 싶은 대로 하는 로빈슨 크루소가 되고 싶은 것이다. 유명한 관광지와 풍경, 레스토랑과 축제라는 구성으로 획일화된 관광이 아니라 내가 원하는 삶을 꿈꾸는 것이다.

왜 늘 바쁘게 움직여야 할까? 왜 쉬지 않고 악착같이 소비하며 매번 흥분과 열정을 느껴야 할까? 우리는 로빈슨이 되어야 한다. 그리고 우아한 여유로움을 만들어야 한다. 미국의 자연주의자 피터 매티슨Peter Matthiessen처럼 말이다.

매티슨은 1973년에 티베트와 국경을 마주한 네팔로 탐사를 떠났다. 극한 환경에서 군림하는 전설적인 맹수인 눈의 표범을 관찰하기 위한 여정이었다. 탐사를 마치고 돌아온 매티슨은 수많은 사람들에게 눈의 표범을 실제로 봤느냐는 질문을 받았다. 매티슨은 이렇게 대답했다. "아뇨, 그래서 더 멋지지 않습니까?"

아름다움을 쫓아다니지만 말고 아름다움을 통해 예상치 못한 감동을 느낄 수 있게 감각을 갈고닦아야 한다. 세상을 끝없는 말초적인 자극과 흥분으로 채우지 말자. 우리가 보내는 시간을 끝없는 분주함으로 채우지 말자. 혼자 있는 시간 자체를 소중히 하고, 고독이 찾아와도 자연스럽게 받아들이자.

진정한 고독을 즐기려면 계속 무엇인가를 하면서 휴식 시간을 방해하지 않아야 한다. 분명 쉽지 않다는 걸 안다. 우리는 이미 바빠야 한다는 강박관념에 익숙하기 때문이다. 마치 무언가를 계속해서 한다는 것을 끝없이 증명해야 하는 세상에 사는 것 같다. 하지만 삶에서 진정으로 가져야 할 태도는 그런 게 아니다.

자존감을 높이기 위해서는 자기애를 가져야 한다고 말한다. 어디서든 진정한 나 자신을 찾는 것이 진정한 나르시시즘이다. 비어 있는 것이 두려운가? 꾸미지 않은 있는 그대로의 자신과 마주하는 것이 불안한가?

완벽한 로빈슨의 모습은 디포의 소설에 나오는 것처럼 무엇인가를 하면서 정신없이 시간을 보내는 게 아니다. 침묵의 위대함, 여유로움의 위엄을 실험해보는 야심 있는 로빈슨이다. 그리고 진정한 자신과 함께한다면 그곳은 진짜 무인도일지라도 무인도가 아닐 것이다.

바다는 우리에게 자유를 미루지 말라고 말한다.

인생을 제대로 산다는 건 쓸데없는 걱정으로

나 자신을 가두지 않는 것이다.

보자도르 곶

상 상 력 을   발 휘 하 는
용 기

되밀려오는 파도. 파도는 장애물 때문에 더 이상 앞으로 오지 못한다. 파도는 화나고 분한 듯 흰 거품을 내며 물러간다. 프랑스어로 '되밀려오는 파도'를 '르사ressac'이라고 한다. '르삭'은 스페인어 '르사카르resacar'에서 왔다. '다시 쏘다'라는 뜻을 지닌 '르사카르'는 1492년에 등장했다.

1492년 10월 12일, 쾌속 범선인 핀타Pinta 호와 니나Nina 호, 크리스토퍼 콜럼버스가 탄 원양항해용 범선인 산타 마리아 Santa Maria 호가 과나하니Guanahani 섬에 도착했다. 바하마 제도에 있는 이 섬은 이후 '산살바도르San Salvador 섬'이라고 불리게 된다.

장애물 암초와 강한 파도가 없는 바다는 존재하지 않는다. 바다를 지나는 배들은 언제나 위험을 만난다. 잘 보이지 않거나 생각지 못한 위험이 있는가 하면, 산호처럼 눈에 보이는 거대한 장애물도 있다. 태평양에 있는 산호 장벽은 지구에서 가장 커다란 암초로, 그 길이만 약 35만 제곱킬로미터다. 지구 어딘가에 이보다 더 큰 생물이 있을 수 있지만, 적어도 바다에서는 또 다른 독립적 대륙이라고 불러도 좋을 정도로 가장 큰 생물 구조다.

하지만 모든 암초가 산호 장벽처럼 거대한 것은 아니다. 잘 알려지지 않은 작은 암초도 수없이 많다. 그러니 자연히 항해에는 위험이 따를 수밖에 없다. 우리가 알고 있는 것보다 모르는 것이 더 많은 곳이 바다다. 그래서 항해를 하려면 모험을 즐길 줄 알아야 하고, 자신의 강점을 활용하고 자신의 단점도 잘 알아야 한다.

보자도르 곶Cape Bojador을 통과한다고 상상해보자. 보자도르 곶은 카나리아 제도Canary Islands 남쪽의 사하라 바다에 있는 곳으로, 보자도르 곶 너머에는 '암흑의 바다'가 있다. 유럽 최남단에 있는 보자도르 곶은 땅의 경계를 상징했다. 거센 파도와 칼날처럼 날카로운 암초 때문에 암흑의 바다는 공포스러운 곳이 되었다. 바다에는 물이 부글부글 끓고 괴물들이 득실거린다는 이야기가 퍼져 나갔고, 항해사들 대부분은 암흑의 바다에 가는 모험을 하지 않았다. 괜히 갔다가 거센 바람에 막혀 다시는 돌아오지 못할 수도 있어서였다.

1434년 포르투갈의 항해사 질 이아네스Gil Eanes가 수많은 시행착오 끝에 '공포의 곳'이라는 이곳을 무사히 지나는 데 성공했다. 모두가 무서워서 도전조차 못 했지만, 이아네스는 그곳을 건너는 일에 성공했고 세계 지식을 아프리카까지 확대하는 데 기여했다. 그가 이처럼 성공할 수 있었던 것은 용기를 내고 상상력을 발휘했기 때문이다.

당시 사람들은 대부분 가까운 곳을 항해했다. 며칠씩 걸리는 항해는 시도조차 하지 않았다. 하지만 이아네스는 달랐다. 위험이 도사리고 불확실한 항해라고 해도 멀리 나가보기로 한 것이다. 이아네스를 움직이게 한 것은 자기 자신에 대한 믿음과 상상력이었다.

바람과 물의 흐름에 대해 빠삭했던 이아네스는 무사히 돌아올 수 있는 최선의 방법이 멀리 나가는 것이라고 생각했다. 그는 항해를 떠날 때 해양 나침반의 방향, 지나온 위치와 거리를 눈여겨보았고, 자신의 직감을 믿었다. 지금 생각해보면 그는 대책 없을 정도로 과학보다는 자신의 느낌과 상상력을 믿었다. 그렇게 이아네스의 새로운 항해로 멀리까지 항해하는 일이 가능해졌다.

보자도르 곶은 인도로 가는 길 중 하나에 불과했다. 얼마 지나지 않아 바스쿠 다가마Vasco da Gama도 보자도르 곶을 지났다. 유일한 누군가만 할 수 있는 일이 아니다. 모험한다면 모두가 할 수 있다.

공포의 곳을 건넌 이야기를 통해 얻을 수 있는 교훈이 있다. 현재 닥친 문제만 바라보기보다 한발 물러서는 것이 낫다는 교훈이다. 사람들은 현재 직면한 문제를 돌파하기보다 피하는 것을 우선시한다. 예를 들어, 직장 내 문제가 있을 땐 가장 먼저 퇴사를 생각하고, 인간관계가 잘 풀리시 않을 땐 관계를 정리하려고 한다. 문제를 직시하지 않고 다른 방향으로 해결책을 찾는다. 왜냐하면 그게 가장 쉽기 때문이다. 문제가 생긴 것을 인지하면 이후로는 전체는 보지 못하고 문제에만 매달려 있다. 그렇게 바로 코앞의 것에만 집중하면서 전체 맥락을 못 보고 새로운 가능성을 놓치는 것이다. 잠시 한 발짝 물러서면 답답하게 느껴지는 상황에서 빠져나올 수 있다. 움직여서 다른 것을 상상해야 한다.

사람들은 두려움을 느끼거나 습관을 버리지 못할 때 상상력을 제일 먼저 희생시킨다. 단호한 태도를 유지하면 위험에서 스스로를 보호할 수 있다고 생각하지만 그렇지 않다. 과거에 갇히면 변할 수 없다는 논리와 같다. 무조건 문제를 피하고 익숙한 길로만 가려고 하면 안 된다. 더 넓게 바라봐야 하고 확실해 보이는 것도 의심해야 한다.

우리는 남에게 쉽게 조언하면서 정작 자기 자신은 제대로 평가하지 못한다. 왜일까? 우리는 가까운 것을 잘 보지 않기 때문이다. 그림에 얼굴을 가까이 대고 있으면 아무런 감흥이 생기지 않는다. 그러나 몇 발짝 뒤로 물러나서 보면 그림을 전체적으로 볼 수 있다. 단시간 동안 봐서는 안 된다. 상황을 제대로 진단하려면 여러 길을 상상해야 한다. 그래야 상황의 윤곽과 깊이 숨겨진 의미가 드러난다.

그러면 어떻게 해야 할까? 일단 그대로 있지 말고 움직여보자. 외출하거나 일상에서 나오자. 그러고서 다시 일상으로 돌아오면 새로운 아이디어가 생겨 문제를 다른 식으로 마주할 수 있다. 드라마틱하게 다른 사람으로 변신하진 않지만, 분명 이전과 다른 나를 만날 수 있다.

무조건 생각만 하거나 이미 다 안다고 확신하는 사람은 그리 좋은 조언자가 아니다. 그보다 오히려 멀리 나가보는 것이 더 건설적이다. 불확실한 것이 두려워 아예 원하는 마음을 갖지 않거나 이미 준비된 대답에 안도해서는 안 된다. 그리고 해결책이 없을 수 있다는 사실도 받아들여야 한다. 이 모든 걸 가능하게 하는 것이 바로 상상력이다.

믿음과 신중함이 있으면 과대평가나 과소평가에 함부로 빠지지 않아 난파되는 것을 방지할 수 있다. 상상력이 있으면 더 멀리 나아갈 수 있다. 상상력을 발휘하면 새로운 것을 생각하고 기존의 것도 새로운 눈으로 보게 된다. '처음부터 모든 것을 다시 시작한다'고 생각하고, 늘 옳은 건 없다고 믿자.

준비가 되었다면 이제 마지막으로 용기를 내서 새로운 길을 가보자. 어쩌면 이 단계가 가장 어려울지 모른다. 습관이 너무나 강하게 뿌리박혀 있고 생각하는 틀이 좁으면 용기는 밥 먹을 때만 쓰는 거라고 생각하기 쉬우니까.

인생은 멀리 바라보는 항해와 같다. 길다면 길고 짧다면 짧은 인생이라는 항해를 제대로 하려면 상상력을 마음껏 활용해야 한다. 그래야 답답한 상황에서 벗어날 수 있다. 한 번도 해보지 않은 대답을 해보면 상상력을 활용할 수 있다. 이미 사람들이 지나간 고속도로를 그대로 가지 말고 나만의 새로운 길을 개척해보자.

난파

필라델피아에서 온 위드너 부부의 성대한 갈라 파티가
열리고 있었다. 메뉴는 굴, 모슬린 소스 연어 스테이크, 푸아그라
와 송로버섯을 곁들인 안심 스테이크, 리옹식 닭튀김, 감자 샐러
드, 로메인 샐러드, 월도프 푸딩, 샤르트뢰즈를 곁들인 복숭아 셔
벗이었다. 바깥에 보이는 바다는 고요하고, 밤공기는 아주 맑았
다. 저녁 7시, 때는 1912년 4월 14일 일요일, 타이타닉 호 안이었
다. 저녁 10시 30분, 북쪽으로 몇 마일 떨어져 있는 영국 상선 래
퍼해녹Rappahannock 호가 무선통신을 보내왔다. "두꺼운 빙하가
많이 돌아다니고 있으니 조심히 항해하시기 바랍니다." 이에 대
한 타이타닉 호의 답신은 짧고 평온했다. "메시지 잘 받았습니다.
감사합니다. 좋은 밤 보내세요."

그로부터 한 시간 후, 망루에서 희미한 별빛을 등대 삼아

망을 보던 선원 프레데릭 플릿Frederick Fleet은 500미터의 빙하 덩어리를 발견했다. "오른쪽에 빙하!"하고 그가 목이 터져라 외쳤으나 불행은 예상보다 가깝고 빨리 왔다.

　　타이타닉 호는 커다란 빙하를 피하려 했으나 실패하고, 금속판과 강철판으로 되어 있던 배이 오른쪽 부분이 빙하와 부딪히면서 갑판 위에 수백 개의 빙하 조각이 쏟아졌다. 많은 사람들이 빙하가 부딪히는 걸 목격했지만, 대개 사람들이 자신의 불행을 예감하지 못하는 것처럼 그들도 위스키에 빙하 조각을 넣어 마시자는 농을 주고받으며 이 일을 인상 깊은 술안주 정도로만 여기고 있었다. 그리고 얼마 지나지 않아 폭포수처럼 거센 물이 배 안으로 들이닥쳤다.

　　승객은 3,500명이 넘었고, 배에 구비된 구명보트에는 전체 승객 중 3분의 1 정도의 인원만 탈 수 있었다. 타이타닉 호의 잔해는 1985년 뉴펀들랜드Newfoundland에서 남동쪽으로 650킬로미터 떨어진 바닷속에 있었다. 바닷속 깊이는 약 4,000미터였다. 미국과 영국은 2003년에 밀려드는 관광객들과 보물선 사냥꾼들로부터 타이타닉 호의 잔해를 보호하기 위한 조약을 맺었다. 이는 타이타닉 호 승객들의 마지막 여행을 기억하기 위한 조약이기도 했다.

　　타이타닉 호처럼 난파한 사고는 1824년부터 1962년까지 전 세계적으로 약 1만 3,000건, 연간 약 100건이 있었다. '난파'를 뜻하는 프랑스어 '노프라주naufrage'는 '깨다', '부수다'를 의미하는 라틴어 '프랑제레frangere'에서 유래했다. 바다는 재난과 단절을 의미하기도 한다.

바다는 생이 시작되는 곳이자 끝나는 곳이며, 누군가를 살리기도 하지만 죽이기도 하는 곳이다. 사고가 일어나면 바다는 삶의 끈을 확실히 끊는다. 바다는 삶을 정확하게 두 기준으로 나눈다. 태평하고 행복했던 '이전'과 1912년 4월 14일의 밤처럼 차가운 '이후'로 말이다.

이별이란 무언가를 잃는 것이다. 물질뿐 아니라 순수함, 자신감, 희망을 잃는 것도 포함된다. 친구를 잃고 직업을 잃고 사랑을 잃고, 나의 의지와 신념까지도 잃는다. 이별은 항상 우리 자신이 약하고 아무것도 할 수 없다고 느끼게 한다. 우리는 이별을 경험하면 더 이상 우리가 있을 곳과 우리가 가려고 하는 목적지가 어디인지 알지 못한 채 방황한다. 살다 보면 이런 일은 바다에 파도가 치는 것만큼이나 일상적으로 일어난다. 사소한 것들로 인해 나쁘게 평가받거나 심각한 타격을 입기도 한다. 바다가 선사하는 불행처럼 어떤 것도 확실하게 보장되지 않는 게 인생이다. 그렇다면 위험이 닥쳤을 때 우리는 어떻게 해야 할까?

도망치는 것이다. 분명하게 말하면 '줄행랑치는 것'이다.

도망치는 것 자체가 도움이 되기도 하지만, 피하는 것 외에는 다른 방법이 없다고 솔직하게 말하는 용기이기도 하다. 바다가 나를 집어삼키려고 할 때 맞선다고 이길 수 있을까? 힘도 안 되면서 무턱대고 적과 맞서는 것은 의미가 없다. 실제로 내가 가지고 있는 힘이 어느 정도 되고 이면 싸움은 승산이 있는지를 면밀하게 살펴야 한다. 공공기관 안에서 일어나는 특혜에 대해 비난하겠다고? 무능한 상사에게 무능하다고 솔직히 말하겠다고? 잘못된 시스템을 모두 개혁하겠다고?

어쩌면 1754년 아르장송Argenson 후작의 선원 생존 기술을 채택하는 것이 더 나을지도 모르겠다. 선원들은 격앙된 바다를 마주하자 앞쪽에 있는 돛을 타고 올라가 밧줄로 자신들의 몸을 묶었다. 바다의 공격에 당해낼 재간이 없다는 걸 이미 경험을 통해 깨달은 것이다. 그들은 바다가 공격해올 때 스스로 보호하는 방법을 찾았고, 그렇게 폭풍우가 지나가기를 기다렸다. 때로는 피하는 것이 최고의 전략이 되기도 한다. 그 대신 참을 수 있는 것과 절대로 받아들일 수 없는 것이 무엇인지 구분하는 것이 중요하다. 권위주의, 갈등, 타협….

배 위의 선원들은 안전 장비가 잘 있는지 철저히 확인한다. 바다의 공격으로 위험해지면 목숨을 구해줄 수 있는 구조 램프나 밧줄 같은 것 말이다. 우리의 인생도 마찬가지다. 분별력과 차가운 머리는 우리에게 귀중한 도움이 된다. 인생에 고난은 언제나 찾아온다. 그때 나의 생을 살리는 건 신중함의 기술이다. 신중함은 두려워하는 마음도, 소심한 마음도 아니다. 신중함 자체가 하나의 무기가 된다. 예측 불가능한 것투성이어도 예측하는 능력, 확신할 수 있는 것은 아무것도 없으나 그 상황에서도 미리 앞을 내다보는 능력이 신중함이다. 무엇을 하더라도 상황, 권력 구조, 주요 관련자들을 잘 파악해야 한다. 행동이란 앞을 잘 바라보는 항해와 같고, 신중함의 중요성은 말하고 또 말해도 아깝지 않다.

신중함은 피해자가 발생할 수밖에 없는 과격한 싸움과는 반대의 입장이다. 과격한 싸움에서는 우리도 피해자가 될 수 있다. 따라서 신중함이 가장 대담한 태도일 때가 있다. 무절제하게 쓰는 것이 아니라 절약하는 것이다. 밧줄로 몸을 앞쪽 돛에 묶고 폭풍우가 지나갈 때까지 기다린 선원들처럼, 결투장의 모래밭에서 땀과 피를 뿌리지 않고 사태를 지켜본다.

충동적인 행동은 안 된다. 욱하는 태도는 좋은 것도 아니고 해결할 수 있는 것도 없다. 서둘러 결정하지 않고 여유를 가지고 상황에 주의를 기울이는 편이 낫다. 엘리자베스 캐서린 **Elizabeth Catherine** 장교의 이야기를 반면교사로 삼아야 한다. 1734년 배를 타고 가던 엘리자베스 캐서린 장교는 마렌 성당의 종탑과 코르도바Cordoba의 등대를 혼동해 방향을 잃었다. 타이타닉 호가 침몰하기 전에 교대 팀을 소집하지 못한 타이타닉의 사령관 에드워드 스미스Edward Smith는 또 어떤가.

신중함은 아무리 강조해도 지나치지 않다. '바다의 운명'은 침몰의 위험, 건강과 재산을 잃을 위험을 부드럽게 나타낸 표현이다. 바다의 운명은 끝없이 돌아가는 운명의 바퀴와 같다. 운명의 바퀴는 우리의 삶에 좋은 일과 나쁜 일, 성공과 실패를 가져다준다. 인생이란 한순간이고 확실한 것은 아무것도 없다. 그러나 우리는 살아 있기에 우리에게 숨겨진 자원, 특히 신뢰의 자원을 발견할 기회를 얻을 수 있다. 신중함과 신뢰는 함께 간다. 신중함이 없으면 우리는 재능을 낭비하고 자존감에 타격을 입는다. 신뢰가 없으면 어려운 상황을 극복할 수 없다고 생각해서 쉽게 포기한다. 우리가 모든 것을 통제할 수는 없지만, 그렇다고 주변 상황을 활용해 주체적으로 행동하지 못하는 것도 아니다. 따라서 신중함과 신뢰를 언제나 마음속에 간직하는 것이 좋다.

해적과 해적질

다른 사람으로부터
나를 지키기

해적단은 왕관이 없는 바다의 '왕'이다. 해적들은 약탈과 공격을 일삼는다. 드레이크Drake, 쉬르쿠프Surcouf, 바르바로사Barbarossa, 바르브누아르Barbe Noire, 메리 리드Mary Read, 앤 보니Anne Bonny는 모두 유명한 해적들이다. 친절한 악당 혹은 짓궂은 친절한 사람이라는 해적의 이미지는 갈고리 손을 가진 선장 혹은 영화 〈캐리비안의 해적〉 속 잭 스패로를 통해 만들어졌다. 친숙한 해적의 민낯은 사실 전사, 악당이다. 정의의 사도와는 거리가 멀다.

항해의 역사가 시작된 시점부터 해적은 존재했다. 해적의 주특기는 강도질과 협박이다. 고대 이후로 해적단은 출신이나 국적을 가리지 않고 털어먹을 것이 있는 사람만 보면 공격해왔다. 해적은 신도 믿지 않고 주인을 섬기지도 않는다. 해적이 받드는 것은 오직 검은색 해적 깃발이다. 해적들이 뭉쳐 만들어진 해적단은 바다의 군인, 즉 '수군'이다. 해적단은 백지 서명 혹은 주권을 표시하는 종이를 들이밀며 적들을 공격한다. 해적단도 단독 해적과 마찬가지로 법을 어지럽히고 싶다는 마음이 가슴 속에서 요동친다.

우리는 어릴 때부터 해적을 낭만적인 인물로 생각해왔다. 이 또한 영화나 만화를 통해서 만들어진 이미지였을 것이다. 해적처럼 "돌격!"이라고 외칠 때, 마치 자유를 외치는 것 같아 속이 다 시원하다. 그래서인지 해적을 바다의 로빈 후드라고 인식하기도 한다. 어쩌면 해적들은 규칙과 관습이 지배하는 세상에 독립이라는 교훈을 주는 존재일지도 모른다. 해적질이 17세기 말 마다가스카르Madagascar에 모든 자유가 허용되는 무정부 국가를 세웠다고 하지 않던가. 금지가 금지되는 자유로운 땅.

하지만 현실은 다르다. 해적의 목표는 오직 약탈과 이익뿐이다. 해적이 신봉하는 법은 오직 재물이고, 그들은 악랄하고 탐욕스러우며 타인에게 해를 끼치고 공포감을 준다. TV 시리즈에서처럼 애꾸눈에 의족을 하고 어깨에 앵무새를 앉힌 해적의 모습은 우리가 만든 이미지에 불과하다. 해적 깃발과 붉은 해적선은 경고 메시지 같은 것이다. "죽지 않으려면 멈춰! 안 그러면 피를 볼 것이다!"

누군가는 요즘 바다에 해적이 어디 있냐고 말할지 모른다. 천만의 말씀이다. 21세기에도 해적들은 소말리아 해안이나 동남아 해안(말라카 해협 주변)에 수시로 나타난다. 요즘 해적들이 노리는 것은 컨테이너 운반선, 화물선, 유람선이다. 현재도 서아프리카 걸프만의 해적들은 석유 시추 플랫폼을 노리며 호시탐탐 공격할 기회를 넘보고 있다.

이름도 밝히지 않고 입에 단도를 문 바다 위 해적이 아닌 일상에서 만나는 해적도 있다. 컴퓨터 코드를 통해 사무실 시스템 속으로 은밀히 들어와 기관들의 사이트를 마비시키는 디지털 해적, 일명 해커다. 이들의 해적질은 어마어마한 피해를 끼치지만 처벌은 피해 간다. 심지어 "잡히지 않으면 뭐든 할 수 있다"라는 슬로건을 내걸고 전 세계를 공격하는 해커도 있다.

우리는 평생 해적을 만날 일도 없고 안전하다고 생각하다가 갑자기 해적의 무자비한 공격을 당할지 모른다. 그게 디지털 해적일 수도, 바다 위 해적일 수도, 또 다른 무엇일 수도 있다. 치르지 않아도 될 값을 치러야 할 수도 있다.

해적들은 일상의 무기력을 이용해 부당함을 널리 퍼뜨리기도 한다. 그리고 말도 안 되는 변명을 하게 한다. "몰랐어", "내 책임 아니야", "난 상관없는 일이야" 등등. 이런 무책임과 무관심이 악한 것을 더 쉽게 퍼져 나가도록 돕는다. 우리는 아무것도 바꿀 수 없고 그들은 세니까, 그저 고개를 숙이고 시간이 지나가기를 기다릴 수밖에 없다고 하면서 말이다. 체념은 나쁜 행동에 동조하는 것과 다르지 않다.

이는 조용한 폭력이다. 타협과 무관심이 주도하는 폭력. 선한 행동을 해야 악행이 주춤하고 세상에 밝혀져 비난을 받는다. 어느 날 우리 중 누군가가 일상 속 해적에게 인질로 잡힐 날이 올 수도 있다. 경험을 해보지 않은 사람이 있을까? 말도 안 되는 권리를 주장하는 중간 임원, 속으로는 욕하면서 겉으로는 친절한 척하는 동료들에게 말이다.

이런 상황을 고쳐야 한다. 부당함이 처벌받지 않고, 되레 자신은 좋은 일을 했다고 믿는 악한 사람이 처벌받지 않으면 이보다 최악은 없다. 시정을 요구하고 잘못된 것을 밝혀 어설프게 변명하지 못하게, 들키지 않을 것이라고 안심하지 못하게 해야 한다. 야만적인 행위에는 변명도 이유도 없다. 그것은 그저 악한 행위일 뿐이다. 분노해야 평화와 정의를 얻을 수 있다면 그렇게 해보면 어떨까?

바다 위 해적들은 무기, 강도질, 협박만으로 이미 충분히 유죄다. 그들은 해양법에 따라 조사받고 처벌도 받을 수 있다. 마찬가지로 죄를 조사하는 인간법도 마련할 수 있다. 악행은 타협의 여지가 없다. 부당한 일을 당하고도 아무 말도 못 하고 있으면 안 된다. 입을 다물 수밖에 없다는 생각을 버려야 한다. 이는 마녀 사냥이 아니라 무법지대를 밝히는 일이다. 바다 위 해적뿐 아니라 일상 속 해적에게도.

상어

한 걸음
더 나아간다는 것

~~~~~~~~~
~~~~~~~~~
~~~~~~~~~

한 여성이 한밤중에 해변을 걷고 있다. 하늘에서는 별들이 쏟아질 듯하고, 그녀는 한밤중에 수영이라도 하려는지 행복한 모습으로 바다를 향해 걸어간다. 영화 〈죠스〉의 첫 장면이다. 프레임은 굉장히 대담하다. 카메라는 공포와 위험, 스릴과 즐거움 사이에 놓인 여배우의 하체를 비춘다. 〈죠스〉는 바다에서 오는 위협에 대해 보여준다. 영화 속에서 경찰은 상어의 습격 때문에 해변을 폐쇄하기로 한다. 〈죠스〉의 실제 촬영지였던 미국 동부 해안의 고급 휴양지 마서스비니어드Martha's Vineyard 섬은 이 영화 때문에 잠시 폐쇄되기도 했다.

오늘날은 오히려 상어가 인간에게 학살되어 멸종 위기에 처해 있다. 상어는 흔히 '바다의 왕'이라 불린다. 연구에 따르면 상어는 고양이보다 어둠 속에서 더 잘 보고, 인간보다 후각 능력이 무려 1만 배나 발달했으며 극도로 감각이 섬세하다고 한다. 상어의 귀는 아무리 작은 것이라고 해도 압력 차이, 물의 움직임을 감지할 수 있고, 심지어 먹이로부터 전기장을 감지하기도 한다. 척추동물에 속하며 강한 턱을 자랑하는 바다의 포식자인 상어는 수천 년 동안 바다를 누비며 바닷속에 있는 모든 생명을 잡아먹어왔다. 4억 년 전에 처음 나타난 상어는 다른 생명체가 환경에 따라 모습이 변한 것과 달리 지금까지도 모습이 거의 변하지 않았다.

그 밖에도 상어에 대한 재미있고 놀라운 이야기가 많은데, 상어는 수영을 멈추지 않는다고 한다. 바닷속에 사는 생명체가 대부분 물속에서 끊임없이 헤엄치고 움직이는 것 같지만 그렇지 않다. 우리가 육지에서 24시간 내내 활동하는 게 아닌 것처럼 바닷속 생명체도 쉴 때가 있다.

하지만 상어는 항상 활동한다. 생명을 유지하기 위해서는 움직여야 하기 때문이다. 상어는 5쌍에서 7쌍 정도의 아가미를 가지고 있는데, 계속 움직여야 숨을 쉴 수 있어서 모든 아가미를 항상 열어놓고 산화를 억제하면서 이산화탄소를 배출한다. 그래서 상어는 숨을 쉬기 위해서 천천히 가더라도 계속 수영해야 한다. 상어가 움직이지 않는다는 건 죽는다는 뜻과 크게 다르지 않다.

인간의 시각으로 보면 쉬지 않고 움직이는 상어가 피곤

할 것 같지만, 상어는 계속 움직여도 피곤해하지 않는다. 움직이는 것이 오히려 상어에게는 살아가는 방법이기 때문이다. 상어가 유일하게 휴식을 취할 때는 산소를 유지하기 위해 해저에서 잠시 멈출 때다.

열정적인 상어는 나름의 철학을 가지고 있다. 상어는 같은 바다를 두 번 헤엄치지 않는데, 관성에 빠지지 않고 항상 새로운 것을 추구하기 때문이다. 그런 상어를 보고 있으면 우리를 돌아보게 된다. 우리가 항상 하던 일을 계속해야 하는 진짜 이유는 무엇일까? 무엇이 우리에게 변화를 두려워하게 하고, 새로운 습관을 갖는 걸 방해하는 걸까?

우리도 상어처럼 살아보자. 상어처럼 살려면 단기적인 시각에서 벗어나 도덕과 양심에 따라 살며 이익의 법칙만을 따르지 않아야 한다. 우리는 생각보다 수동적으로 살아간다. 다시는 안 하겠다고 하면서 어느 순간 똑같은 일을 또 반복한다. 하지만 새롭게 하고자 하는 의지가 있으면 관성에서 벗어나는 삶을 살 수 있다.

철학 책을 읽으면 어떨까? 휴양지에 가보고 평소에 입지 않는 옷을 사는 것도 사소하지만 좋은 방법이다. 지금까지와 달리 하고 싶은 대로 하고, 하고 싶은 말도 속 시원하게 해보자. 새로운 방식으로 먹고, 일상생활에서도 마치 여행을 온 것처럼 다녀보자.

퇴근 후 집으로 곧장 가기보다는 집 앞 작은 술집에서 맥주 한잔을 마셔보는 것도 좋다. 새로운 계획을 짜고 이전에는 하지 않았던 생각을 떠올려보자.

관성에서 벗어나 새로운 것을 추구하고 도전하는 건 상어가 아가미로 호흡을 하는 것과 같다. 늘 같은 것을 하는 것이 만병통치가 아니다. 그것은 오히려 더 이상 발전하지 않게 되는 지름길이다. 우리를 관성에서 빠져나오지 못하게 하는 행동, 감정, 방식이 무엇인지 나열해보자. 변화를 내일 혹은 모레로 미루고 늘 변명하고 일방적으로 사랑하고 혼자 분노한다. 우리는 늘 같은 행동을 하면서 앞으로 가지 못한다. 앞으로 나아가고, 바꾸고, 숨 쉬자. 우리의 습관적이고 폐쇄적인 행동들 때문에 질식할 것 같은 일상을 살지 말자. 진짜 위험한 일이다. 이것이야말로 우리의 삶과 정신을 산산조각 내는 진짜 상어의 턱이다.

marée haute

〜〜〜〜〜〜〜〜〜〜〜〜〜〜〜

저 멀리
삶이
밀려오다

〜〜〜〜〜〜〜〜〜〜〜〜〜〜〜

바다는 자신을 그대로 내보인다.

우리의 인생도 똑같다.

필요 이상으로 숨길 필요도, 꾸밀 필요도 없다.

그저 있는 그대로

나 자신을 보이며 나아가면 된다.

〜〜〜〜〜〜〜〜〜〜〜〜〜〜〜
〜〜〜〜〜〜〜〜〜〜〜〜〜〜〜
〜〜〜〜〜〜〜〜〜〜〜〜〜〜〜
〜〜〜〜〜〜〜〜〜〜〜〜〜〜〜

섬

나 답 게
살 기

지구상에서 사람들이 살지 않는 유일한 곳이 있다면 바다라고 할 수 있다. 그렇게 들었다. 물론 예외는 있다. 바로 바다 위에 있는 섬이다. 섬은 땅이 바다 위를 침범해 생긴 것처럼 보인다. 마치 땅이 물에 떠 있는 행복을 느끼기 위해서인 것처럼 말이다. 이처럼 바다와 하늘 사이에 생겨난 것이 '대륙의 조각'이라 할 수 있는 섬이다.

섬이 탄생하는 과정을 누구나 볼 수 있는 것은 아니다. 2011년 홍해 한가운데에 새로운 섬이 생겨났다. 바다 깊은 곳에서 높이 30미터의 화산암이 솟아나 굳어져 새로운 땅이 된 것이다. 화산이 뿜은 불이 물을 덮치면서 섬이 생기기도 한다. 갑작스럽게 섬이 잔잔한 수면을 뚫고 올라온 것이다. 질투일까, 분노일까? 지각판이 서로 부딪쳐 생겨나는 섬도 있고, 주먹을 들어 수면

을 뚫고 나오듯 지반침하 압력으로 생겨나는 섬도 있다. 카리브
해의 바베이도스Barbados가 지반침하 압력으로 생겨난 섬이다.
언젠가 혹은 1세기가 지나면 홍해 부근, 아이슬란드나 하와이 부
근에 새롭게 섬이 탄생할지도 모른다. 화산 폭발과 바다 아래 산
맥의 압축이 합해지면 섬이 생겨난다. 바닷물 위에 없던 등판이
생겨나는 걸 보면 마치 바다에 커다란 대장간이 있는 것만 같다.

　　바닷속 산에서는 여전히 섬들이 탄생할 수 있다. 비밀스
럽고 저항하는 울타리처럼 세상과 단절된 섬들이 생겨난다. 프랑
스의 코르시카 섬, 몽생미셸이 대표적이다. 코르시카 섬은 유럽과
떨어져 홀로 고고하게 살아가고, 몽생미셸은 바다 한가운데에서
다부진 주먹을 하늘 쪽으로 들어 올린 것처럼 생겼다.

　　인간도 각자 하나의 섬이다. 획일적인 대중과 대항하는
섬, 오랫동안 다져진 화산섬, 투쟁하는 섬, 반대로 넓은 바다에 빠
르게 생겨나는 섬이다. 지구상에 똑같이 생긴 섬은 없다. 모두 제
각각의 특징을 가지고 있어서 특별하다. 사람도 마찬가지다. 우리
는 각자 세상에 하나뿐인 대체될 수 없는 존재다. 누구도 나와 똑
같지 않고 나도 누군가를 완벽하게 모방할 수 없다. 나는 나일 뿐
이다. 이것이 섬의 영혼이다. 섬은 마음속 깊은 곳에 반항심이 있
고 나 홀로 가고자 하고 자존심이 세고 길들여지지 않는다. 그래
서 섬은 땅에도 바다에도 속하지 않는다. 섬은 그냥 섬일 뿐이다.

섬은 땅과 바다를 어느 정도는 같이 품고 있다.

섬은 정복당하지 않으려고 완강히 버틸 때가 있다. 페테르 1세Peter I 섬이 대표적이다. 남태평양에서 남쪽으로 약 450킬로미터 떨어진 곳에 있는 페테르 1세 섬은 아무도 살지 않는 무인도로, 검은색과 흰색이 섞인 흙이 있고 얼음 절벽과 화산암으로 이루어져 있다. 길이 30킬로미터, 너비 10킬로미터인 이 섬은 빙산으로 둘러싸여 있어서 쉽게 침범당하지 않는다. 여름에 아주 잠깐 빙산이 녹을 때를 빼면 말이다.

이 때문에 페테르 1세 섬은 어느 때에 보면 미스터리하게 느껴진다. 지구상에 이 섬에 가본 사람보다 달에 가본 사람이 훨씬 많을 정도로 페테르 1세 섬은 여전히 미탐험 지역이다. 이런 걸 보면 인간에게 페테르 1세 섬보다 달이 익숙한 건 확실하다. 심지어 1930년대까지는 지도에 표시된 위치가 정확하지 않거나 틀리기까지 했다. 남반구에서 가장 더운 달인 1월에도 이 섬의 기온은 섭씨 1도를 넘지 않는다. 지구의 오래된 숙제가 되어버린 기후 온난화가 자연을 뒤흔드는 지금도 그렇다.

페테르 1세 섬이 처음으로 발견된 것은 1821년이었다. 그 당시에도 섬 주변을 지나는 배는 고작 몇 척에 불과했다. 페테르 1세 섬은 러시아의 고틀리프 폰 벨링스하우젠Gottlieb von Bellingshausen에 의해 처음 발견되었다. 그 후 1929년에 이 섬에 도착한 사람은 노르웨이 출신의 올라 올스타드Ola Olstad다. 물론 이보다 몇 년 앞서 샤르코Charcot가 이 섬에서 배가 좌초한 경험을 한 적이 있다. 2010년에도 페테르 1세 섬을 찾은 사람이 있는데 프랑스 출신의 이자벨 오티시에Isabelle Autissier다.

몇 명의 탐험가와 항해가가 찾았지만, 페테르 1세 섬은 여전히 정복되지 않기 위해 완강히 저항한다. 페테르 1세 섬은 누구에게도 지배받지 않고 온전히 홀로 존재한다. 남쪽 한가운데에 고고하고 무심하게 떠 있는 이 섬은 지구상에서 탐험되지 않은 마지막 지역에 속할지도 모른다.

모든 섬은 마침표와 같다. 바다 한가운데에 찍힌 점. '나는 나'라고 하는 강조라고? 아니, 이것은 선언이다. 자신에 대한 선언. 페테르 1세 섬은 호락호락하지 않고 특정한 누군가나 무언가에 의해 분류되지 않는다. 나답게 사는 것은 어렵지만 뿌듯한 일이다. 다른 사람이 되지 않는 것, 우리가 배워야 하는 태도다. 물론 인간이기에 외모가 근사한 사람, 나이가 젊은 사람을 부러워하고 따라할 수는 있다. 또한 내가 아닌 다른 사람의 모습으로 사는 것에 만족하거나 다른 사람들이 기대하고 원하는 모습에 맞춰 사는 길을 선택할 수도 있다.

하지만 결국 우리가 고유한 존재라는 사실에는 변함이 없다. 홀로 떠 있는 섬처럼 우리는 누구와도 똑같을 수 없다. 내가 아닌 '거짓 자아' 뒤에 숨겨진 나만의 섬을 되찾아야 한다. 무엇보다 스스로 진정한 자아를 찾고 싶어야 한다. 단순히 남과 달라 보이고 튀고 싶어서 억지로 개성 있는 척을 하는 건 의미없다. 억지로 보여주는 개성은 또 다른 순응주의에 불과하다. 자신이 지닌 개성에 자발적으로 관심을 기울여야 한다.

나를 나답게 만드는 것은 무엇일까? 나의 취향, 내가 싫어하는 것, 나만의 생각, 누구도 빼앗아갈 수 없는 나의 추억, 나의 슬픔과 상처, 가끔 드러내는 나의 꿈? 아니면 나의 행동, 내가 한 약속, 내가 원하는 모습으로 만들어주는 노력? 이 모든 것이 어우러질 때 나는 나다워진다.

그런데도 우리는 나답게 살지 않는 일상에 지나치게 많은 시간을 쓴다. 나답게 사는 데 방해가 되는 집착, 사랑 혹은 슬픔에 파묻혀 있고, 주변에서 원하는 모습에 자신을 맞추느라 너무 많은 시간을 낭비한다. 오늘 하루 동안 당신이 한 말 중에서 이미 다른 사람들, 주변 사람들이 했던 말을 앵무새처럼 따라 내뱉은 게 얼마나 많았는가? 평범함에 만족하거나 그냥 참고 견디거나 지루한 일상에 몸을 맡길 때가 얼마나 많았는가?

스카이Skye 섬, 프랑슈가렌Franche Garenne 섬, 코르세르Corsaires 섬, 세르팡Serpents 섬, 앙티포드Antipodes 섬, 코르푸Corfou 섬 등 지구상에 있는 무수한 섬들 중에서 자신만의 고유한 이름이 붙여진 섬은 약 3만 개 정도다. 이 섬들처럼 우리도 자신만의 개성을 공들여 키워야 한다. 개성 있는 섬들이 반복적으로 부르는 노래에 귀를 기울이자.

화산 대륙으로 둘러싸인 넓고 넓은 바닷가에 홀로 떨어진 섬이 되어 신성한 자신만의 풀을 품고 살자. 타협하지도 모방하지도 말자. 다수에 속하려고 지나치게 노력하지도 말자. 혹은 롤 모델로 삼은 사람들과 비슷해지려고 지나치게 서두르지 말자. 타인에게 관심을 가지고 그들과 교류하고 나누되 무리하게 남에게 맞추지도, 남의 말을 앵무새처럼 따라하지도, 무리에 휩쓸리지도 말자. 넓은 바다 한가운데에서 '자기 자신'이라는 유일한 섬이 되자.

항해

멀 리 떠 날 수 있 는
용 기

~~~~~~
~~~~~~
~~~~~~

흔히 알고 있는 율리시스가 아닌 이런 율리시스의 모습을 상상해보자. 기나긴 여행 끝에 고향 마을로 돌아오자 맥이 풀리고 슬픔을 느끼며 허탈한 모습의 율리시스 말이다. 율리시스의 심정이 이해가 될 것이다. 바다에서 항구만 보는 것을 좋아할 사람이 있을까? 여행을 와서 원래 있던 곳으로 돌아가고 싶다는 생각만 하는 사람이 있을까? 반복되는 일상을 서둘러 다시 만나고 싶은 사람이 있을까? 수평선을 뒤로한 채로 부두에 도착하고 싶어 할 사람이 있을까?

우리는 순응하고 참느라 너무 많은 시간을 보낸다. 받아들이고 조용히 입을 다물고 체념하는 것이 우리의 일상이다. 쳇바퀴 같은 일상이 이어지면서 무엇인가에 갇힌 기분이다. 자유를 어딘가에 저당 잡힌 것 같은 기분. 어떻게 하면 반복되는 일상에 조금이라도 반항하는 마음을 기를 수 있을까? 어떻게 하면 넓디넓은 바다처럼 자유로워질 수 있을까? 떠나야 한다! 파도와 위험이 도사려도, 거센 바람과 폭풍우가 있어도 생애 단 한 번은 평생 가본 적 없는 곳으로 떠나야 한다.

우리는 답답한 삶을 살 때가 너무 많다. 무엇인가를 희망하기보다 하지 말자고 억제하는 삶을 살고, 넓게 보려고 하지 않는다. 그런 용기 자체가 부족하다. 우리가 바다 생활을 하는 이들을 동경하는 이유다. 선원, 항해사, 소년 선원, 해병대는 항해를 하되 허풍을 떨지도 않고 자랑을 하지도 않는다. 이들에게는 진짜 삶이 저 멀리 바다에 있을 뿐이다. 배가 곧 집이고 삶을 의지할 곳이다.

바다는 거칠 것 없는 자유를 이야기한다. 경계도 장애물도 없는 무한의 자유다. 바다를 향해 간다는 건 방랑이 아닌 용기 있는 삶이다. 실제로 먼바다로 나가려면 용기가 필요하다. 마찬가지로 구속과 의무, 다른 사람들의 시선과 말에서 자유로워질 때도 용기가 필요하다. 프랑스어로 '구속'을 뜻하는 'contrainte'는 '꽉 죄는 행위'라는 의미도 담고 있다. 우리의 삶은 무언가에 꽉 죄어 인내와 한숨으로 이루어져 있는 것이 현실이다. 먼바다에 나가면 완전히 다른 세상을 경험할 수 있다. 먼바다에 나갔을 때 눈앞에 보이는 것은 끝없이 펼쳐진 수평선과 하늘뿐이다. 그곳에 있으면 몸이 자유롭게 떠오른다.

선원들은 기본적으로 통찰력을 가지고 있다. 넓은 바다로 나가면 육지에서의 답답한 삶과는 이별이다. 바다에서는 신들과 허심탄회하게 말하고, 더 높은 것을 보며, 더 폭넓은 목표를 세운다. 어디 그뿐인가. 하늘도 별도 달도 육지에 있는 사람들보다 더 가깝게 만날 수 있다. 더 많은 바람을 보고 만나며 대화할 수 있다. 이로써 거대한 것이 무엇인지 실감한다. 그래서 넓은 바다에 나가면 가슴이 탁 트이고 아이디어도 무한대로 펼쳐지는 것이다.

고개를 들어 더 먼 곳을 보면 그동안 우리가 얼마나 많은 것에 갇혀 있었는지 알게 된다. 삶에 전혀 도움이 되지 않는 근심 걱정, 짓누르는 목표, 부담되는 인간관계가 그렇다. 바다로 나가 위로 솟구치는 파도를 경험하면 변화가 일어나 예전으로 돌아갈 수 없다. 마음을 짓누르고 행동을 방해한 납덩어리에서 벗어나게 된다.

가끔 우리는 인생을 헛사는 것 같다고 느낀다. 중요하지 않은 일에 마음을 졸이고 압박을 받기도 한다. 그럴 때면 결심한다. '그래, 떠나자! 근데… 언제 떠나지? 내일? 이번 여름? 어쩌면 내년이 될지도 모르겠다.' 매번 준비는 하는데 결국 행동으로 이어지지는 못한다. 이 굴레를 벗어나지 못하는 당신에게 바다는 자유를 미루지 말라고 말한다. 진짜 삶을 살려면 중요하지 않은 것, 머

릿속에서 종일 떠도는 쓸데없는 잡념과 걱정에서 벗어나야 한다.

시간은 결코 영원하지 않다. 그러니 낭비해서는 안 된다. 남들에게 끌려다니고, 인생에서 그다지 중요하지 않은 것 때문에 시간을 빼앗기지 않아야 한다. 앞으로도 원하지 않는 것을 하며 하루하루를 보내고 싶은가? 바다는 우리에게 인생을 막 살지 말라고 한다. 우리는 자신을 아껴야 한다. 지금까지 의미 없는 것들을 고민하느라 체력과 재능을 너무 낭비해왔다.

우리의 존재를 소중하게 여기자. 우리 자신에게 관심을 기울이자. 강렬한 설렘을 주는 것에, 진실된 것에 주목하자. 다른 사람들에게 휩쓸려 쓸데없는 걱정을 하지 말자. 저 사람이 어떻게 말하고 생각하는지는 중요하지 않다. 타인에게 나를 증명하고 설명할 필요도 없다.

넓은 바다에는 아무도 살지 않는다. 바다는 도시도 아니고, 시골도 아니고, 사막도 아니고, 오아시스도 아니다. 누구도 발자국을 남기거나 지배하지 못하는 곳이 바다다. 침입도 전염도 허용하지 않는 신성한 영역. 바다는 우리에게 좁은 정원을 가꿀 바에는 차라리 거대한 무인도를 만들라고 초대장을 보낸다. 넓은 바다의 바람이 우리를 부른다. 이제 답답하게 얽매여 있는 우리의 삶에 자유를 안겨줄 때다.

삶은 당신에게 이미 주고자 하는 걸 모두 주었다.

마치 바다처럼.